ОТЗЫВЫ

Дэниел и Эстер Баумгартнер написали книгу, которую необходимо прочитать всем родителям. В ней не только подробно описаны практические способы, как наладить здоровые взаимоотношения с детьми, включая противостояние различным трудным ситуациям, с которыми они могут столкнуться, но и предложено помазанное учение об освобождении от демонического гнета, возможно, присутствующего в жизни ребенка. Это по-настоящему важная и ценная книга.

Сьюзан Бенкс,
соавтор Deliverance for children and teens,
Impact Christian Books, Inc. USA

«Исцеляющий дом» — книга для нашего времени. Многие родители переживают борьбу, пытаясь понять проблемы своих детей, их поведение, а впоследствии не знают, как им помочь. Родителям и детским служителям нужны инструменты, которые помогут их детям вырасти здоровыми, уравновешенными взрослыми, должным образом подготовленными к решению жизненных проблем. «Исцеляющий дом» как раз является таким инструментом. Книгу легко читать и понимать, в ней есть забавные иллюстрации. Ее содержание отражает глубокие библейские знания авторов, а также их многолетний практический опыт и горячее желание помочь каждому родителю и каждому ребенку найти радость и полноту жизни. Родители, а также те, кто работает с детьми вне семьи, сочтут эту книгу ценным ресурсом.

Я восхищаюсь служением Дэниела и Эстер. Уже много лет они помогают людям преодолевать проблемы, многие из которых начались в детстве. Я наблюдал, как их трое сыновей преуспевают, применяя предложенные их родителями принципы. Рад рекомендовать эту исчерпывающую, легкую для чтения книгу как расширение служения во втором поколении. Уверен, она поможет парам в любой точке мира понять своих детей, молиться с ними и помочь им вырасти эмоционально и духовно зрелыми людьми, которые научились справляться с обидами, грехами и своими реакциями так, как это задумал Бог и сделал возможным благодаря жертве Христа.

Я в восторге от данной книги, ведь она предлагает родителям простой набор инструментов, которые они могут понять и непосредственно использовать, чтобы помочь своим детям преодолеть боль, а также множество других проблем. Дэниел и Эстер ясно и компетентно решают важные и сложные вопросы. Их рекомендации, а также предложенные шаги, укорененные в Библии, и множество практических советов позволяют читателю визуализировать данный подход. А еще очень важно учение о том, как на детей могут влиять демонические духи, когда разрушены естественные защитные барьеры, что отображает необходимость молиться с детьми на глубоком уровне.

Я впервые встретила Дэниела Баумгартнера и родителей его жены, Альберта и Элизабет Тейлор, авторов книги *Ministering Below the Surface*, много лет назад. Через них Бог исцелил меня от стольких вещей. В моей жизни произошли реальные перемены. Я использовала знания, полученные от них, об исцелении и освобождении со своими клиентами-христианами, если это было необходимо.

Даже если вы еще не знакомы со служением освобождения, рекомендую дать этой книге шанс. В нее вложено много молитв. Работая с данным руководством, читатели обязательно переживут действие Святого Духа в своей жизни.

Доктор Микаэла Бломквист-Лютикяйнен,
детский и подростковый психиатр, Финляндия

Родители-христиане отчаянно нуждаются в помощи, чтобы вырастить детей, которые по-настоящему знают Божье Слово, ходят Его путями и одерживают победу над натиском сегодняшнего зла. Книга «Исцеляющий дом» — жизненно необходимый инструмент, отличающийся от всего, с чем вы сталкивались раньше. Она поможет родителям пройти этот путь. Читатели обнаружат, что детей можно обучить и доверить им возможность справляться с болезненными и опасными жизненными ситуациями Божьим способом. Его взрослые дети также получат преобразующие преимущества, когда будут стремиться к исцелению и целостности во Христе для своих чад. Эта книга, несомненно, принесет в вашу жизнь влияние Царства Небесного. Мы с нетерпением ждем, что ее корни углубятся и разрастутся.

Жаклин и Тани Гай,
директора-основатели служения Forget-me-not, США

Дэниел и Эстер
БАУМГАРТНЕР

ИСЦЕЛЯЮЩИЙ ДОМ

Как вырастить здоровых и счастливых детей

Bethesda Heilungsdienst
встречи и материалы для исцеления

Киев
2022

Title: Parents Empowered: healing and Deliverance with teens and kids
First edition
Copyright@2019 Daniel Baumgartner and Esther Baumgartner
Print: ISBN 978-3-9525127-0-8   ebook: ISBN 978-3-9525127-1-5
Published by: Verein Bethesda Heilungsdienst Stapferstrasse 29
8006, Zürich Switzerland
info@bethesda-heilungsdienst.ch   www.bethesda-heilungsdienst.ch
All rights reserved.

УДК 159.922
Б29

БАУМГАРТНЕР Д. и Э.

Б29   ИСЦЕЛЯЮЩИЙ ДОМ. *Как вырастить здоровых и счастливых детей.* К. : Кириченко, 2022. 213 с.
ISBN 978-966-426-273-3

Самоучитель с советами по воспитанию детей. Книга включает духовное мировоззрение, соответствующее учению Нового Завета.

Книга будет полезной для родителей и тех, кто только собирается ими стать.

УДК 159.922

Релігійне видання

Деніел та Естер **Баумгартнер**
Дім, що зцілює
Як виростити здорових і щасливих дітей
(Російською мовою)

Переклад з англ. *А. Шестак*
Редактор *К. Великородна*
Ілюстрації *C. Huber (www.claudiahuber-illustration.de)*
Верстка *В. Кириченко*

Формат 60x90/16. Ум. друк. арк.13,5. Наклад 500 пр.
ПП Кириченко Д.В.

А/с 87, Київ 02002, Україна. www.brightbooks.com.ua
Свідоцтво ДК No1714 від 16.03.2004

Надруковано у ПП «Юнісофт»
61036, м. Харків, вул. Морозова, 13б. www.unisoft.ua
Свідоцтво ДК №3461 від 14.04.2009 р.

Отказ от претензий. Имена детей, подростков и взрослых, приведенные в реальных историях, изменены для сохранения конфиденциальности. Ной и Ник, Анна и Мари — это обобщенные примеры, основанные на нашем богатом опыте. Ссылка на детей может быть применима к подросткам, если не указано иное. Родители несут ответственность за адаптацию материала в соответствии с возрастом, уровнем развития своего ребенка и с конкретной ситуацией.

ОГЛАВЛЕНИЕ

БЛАГОДАРНОСТЬ

Дэниел и Эстер Баумгартнер благодарят:

Наших троих сыновей — **Бенджамина, Самуила и Питера.** Вы позволили нам рассказать о своей жизни и поделиться вашими личными историями. Теперь другие могут получить от этого пользу, что одновременно и смело и великодушно.

Элизабет Тейлор и ее покойного мужа **Альберта.** Вы всегда были родителями, а также дедушкой и бабушкой, которые меняют мир к лучшему. Мы многому научились у вас. Наши шаги к исцелению и свободе для детей и подростков основаны на вашем подходе.

Издателя Дмитрия Кириченко, а также **редактора Екатерину Великородную.** Работая с вами, мы получили прекрасный и обогащающий опыт.

Клаудию Хубер. Ваши вдохновляющие иллюстрации сделали книгу живой, добавили в нашу работу ценный аспект, позволяя донести важное послание с большим юмором и мастерством.

Наталью Терновую. В короткие сроки вы сделали прекрасный перевод нашей книги на русский язык, благодаря чему мы смогли быстро двигаться дальше в ее подготовке к изданию.

Ксению Миллер-Потапову. Ваш лингвистический, культурный, а также теологический вклад и поддержка просто неоценимы на этапе окончательной сверки текста. Вы и ваша команда — настоящее благословение для нас!

Наших друзей и партнеров в *Bethesda Heilungsdienst*. Ваша любовь, молитвы и щедрость на протяжении многих лет позволяют нам продолжать служение.

Но больше всего — нашего любящего **Небесного Отца**. Автора родительства. Наивысшего Источника исцеления и свободы. Мы не можем в полной мере выразить Тебе благодарность за все, что Ты сделал для каждого из нас лично и для семьи в целом. Спасибо за то, что позволяешь нам быть частью Твоего служения.

ПРЕДИСЛОВИЕ

Написать предисловие к книге дочери — гордость для любой матери, ведь мы, родители, самые большие фанаты своих детей, не так ли? Однако сделать это оказалось непросто, потому что я поняла — я почти завидую вам, счастливые читатели.

Жаль, что я не знала всего, что вы прочтете в этой книге, когда Эстер и ее братья были маленькими. Вместо этого нам с мужем пришлось многому учиться из того, что мы сегодня знаем, путем болезненного и запутанного опыта. Однако, постепенно понимая сферы внутреннего исцеления и освобождения, мы смогли избежать худших результатов и последствий, которые нам довелось наблюдать в нашем служении миссионеров и душепопечителей.

Мой покойный муж Альберт и я работали вместе с Дэниелом и Эстер на протяжении долгих лет. Будучи молодыми людьми, они сопровождали нас в поездках в разные страны, служа, обучая и молясь за многих. За последние двадцать пять лет они видели тысячи исцеленных и измененных жизней. Дэниел перевел нашу книгу *Ministering Below the Surface* на свой родной немецкий язык. Этот материал является основополагающей частью их обучения и подхода к воспитанию детей.

Теперь, опираясь на свою семейную жизнь и служение, Дэниел и Эстер делятся множеством практических примеров, которые делают материал живым. Простые молитвенные шаги позволяют родителям быть подготовленными и оснащенными для эффективного служения своим детям.

Эстер, ты замечательная дочь, особенно сейчас, когда я осталась одна; Дэниел — примерный зять. Он заботится обо мне и поддерживает, проявляя любовь на деле. Трое моих внуков Баумгартнеров драгоценны для меня, каждый из них доставляет огромную радость.

Дух Святой, спасибо за то, что Ты всегда ведешь нас в Своей истине и даешь нам Свою мудрость! Спасибо за все, что Ты делаешь в нашей семье!

Элизабет Тейлор,
соавтор книги Ministering Below the Surface

ВВЕДЕНИЕ

Родительство никогда не было легким делом, и современный мир никак не облегчил эту задачу. Существует так много ролей, которые мы играем на работе и дома, хотя, похоже, быть родителями — это труд, которому нас никогда не обучали. Легко почувствовать себя подавленным: слишком многое поставлено на карту, если мы ошибемся. Поэтому все больше и больше людей перекладывают свою работу на «экспертов», в результате чего происходит трагическая потеря задушевных, сердечных отношений, уверенности и силы в христианском воспитании и в семье.

Но что, если существует другой подход? Что, если Бог уникальным образом выбрал и определил на это место именно вас, *родитель-христианин*, чтобы вы производили перемены в жизни своего ребенка? Что, если Он оснастил вас духовными инструментами, чтобы вы сами могли распознавать, что беспокоит вашего ребенка, и эффективно помогать ему преодолевать многие проблемы? Мы верим, что так и есть!

Как показывает опыт, причины многих эмоциональных, духовных и физических проблем, с которыми сегодня сталкиваются дети и подростки, кроются в трех ключевых сферах: эмоциональные раны, непроработанный грех и демоническое угнетение. Если это не решить, проблемы в любой из перечисленных и взаимосвязанных областей могут влиять на деструктивное поведение, отношения и неправильный выбор — сейчас и во взрослой жизни. Но когда дети учатся быстро и эффективно решать проблемы в каждой из указанных областей, тогда закладывается здоровое основание их жизни.

В данном пошаговом руководстве мы покажем вам, как это сделать, начиная с (повторного) построения близких отношений с ребенком и заканчивая преобразованием своего дома в место, где он получает исцеление и ощущает свободу. Мы предлагаем практические, простые в использовании, адаптированные к возрасту духовные инструменты для исцеления эмоциональной боли у детей, которые помогут им преодолеть свою негативную реакцию на боль и обиду. Вы узнаете, как помочь ребенку разобраться с грехом, простить других и принять прощение, не понизив при этом его самооценку.

Вы поймете, как распознать демоническую атаку и угнетение и освободить от этого своего ребенка, чтобы он мог и дальше в полной мере наслаждаться жизнью.

Мы используем данный подход больше двадцати пяти лет, помогая детям и взрослым с разным прошлым, на разных континентах преодолевать проблемы и закладывать (восстанавливать, заново созидать) здоровое основание своей жизни. Описанный здесь метод также помог нам в воспитании наших детей. Результаты оказались потрясающими! Мы действительно убеждены в том, что эмоциональное, физическое и духовное здоровье, которым наши трое сыновей-подростков наслаждаются сегодня, — во многом результат того, что мы применили и научили их тем самым основам, которыми делимся с вами в этой книге.

Возможно, вы только собираетесь впервые стать родителями и хотите дать своему новорожденному малышу самый лучший старт в жизни, или вы — родители маленьких детей, а может быть, и подростков, которые переживают трудности из-за возникших проблем, или вы просто каким-то образом вовлечены в процесс воспитания и работу с детьми. С уверенностью применяя изложенные здесь идеи и молитвы, вы в корне измените свой подход. Пять молитв коренятся в библейском учении и доступны нам в Иисусе Христе. Их легко понять, они просты в использовании и эффективны. Вы можете применять их, чтобы помочь вашему ребенку справиться с конкретным кризисом или проблемой, например травмой, потерей или болезнью. Или просто использовать их каждый день, чтобы научить своего ребенка сохранять духовную и эмоциональную форму. Когда вы привыкнете пользоваться этими инструментами, то вместе с вашим ребенком лучше подготовитесь к тому, как разбираться с маленькими и большими вызовами в жизни и воспитании.

Вы получите наибольшую пользу, если прочитаете всю книгу, чтобы иметь представление о взаимосвязи между обидами, грехом и демоническим влиянием. Проработайте каждую главу, используя вопросы «Минутка для размышления», которые помогут вам применить материал к своей ситуации. Ведите журнал или дневник и записывайте туда все перемены, происходящие в вашей семье благодаря применению представленных духовных инструментов. Это ободрит вас двигаться дальше. Мы молимся о том, чтобы вы открыли для себя изложенные здесь принципы, неоднократно употребили их и тоже испытали радость, видя, как ваш ребенок растет и преуспевает, как процветает его душа.

ОБЗОР МОЛИТВ ДЛЯ ВОСПИТАНИЯ ЗДОРОВЫХ, ПРЕУСПЕВАЮЩИХ ДЕТЕЙ

Молитвы об избавлении от боли/обиды

Эмоциональное исцеление неглубоких ран

с. 91

Молитвы о реакции

Здоровый ответ вместо разрушительных событий

с. 101

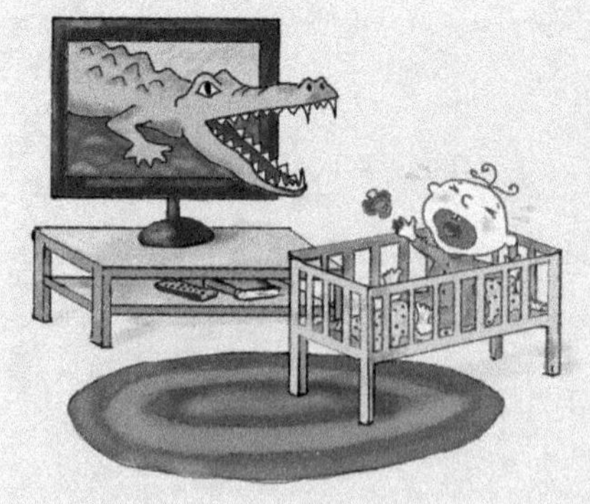

Молитвы о воспоминаниях

Разобраться с тем, что произошло в прошлом

с. 109

Молитвы о прощении

Прийти в правильное
состояние и навести
порядок

с. 125

**Молитвы об
освобождении**

Освобождение/
разобраться с духовной
инфекцией

с. 150

Помощь вам и вашим детям

Духовные инструменты, представленные в этой книге, предназначены для детей любого возраста: просто немного изменяйте язык. Посредством молитвы вместе со своим ребенком вы можете прийти к Иисусу, позволить Ему исцелить ваши раны и привести вас к духовному, душевному, физическому здоровью и свободе!

Вы можете все изменить!

А.

ВЫ
МО
ЖЕТЕ
ВСЕ
ИЗМЕ
НИТЬ!

БОГ ХОЧЕТ, ЧТОБЫ ВАШИ ДЕТИ ПРОЦВЕТАЛИ

Вы можете все изменить

Мы отпраздновали новость о том, что станем родителями, бокалом игристого вина, которое Дэниел заметил в углу нашего местного супермаркета на севере Аргентины. Это не самый разумный выбор напитка, когда ты только что обнаружила, что беременна, но мы были молоды и ликовали от этой новости!

В то время существовала лишь обычная почта и коммутируемый интернет, который работал настолько медленно, что можно было выучить несколько языков, просто ожидая подключения. Поэтому наша подготовка к родительству в основном сосредоточилась на книгах, унаследованных от предыдущих миссионеров и посетителей, приезжавших в наши края. Две книги были посвящены беременности. В одной из них на ярких иллюстрациях показывалось, как ребенок развивается в утробе. Я с трепетом читала и перечитывала советы и рекомендации о том, как подготовиться к родам и ухаживать за новорожденным. Хотя как пара мы никогда особо не разговаривали о том, какими родителями хотим быть или какой подход в воспитании мы будем применять, когда родится ребенок.

Наша семья мультикультурная: Дэниел — швейцарец, я — британо-швейцарка, а жить семьей и воспитывать своих детей мы собирались в третьей культуре — аргентинской. Поэтому культурные вопросы, безусловно, следовало обсудить заранее, что помогло бы нам сгладить наш родительский путь! Однако мы договорились об одном: мы будем молиться за наших детей, начиная с утробы, а также использовать духовные откровения и молитвы, которые изменили нашу жизнь и продолжали менять снова и снова. Мы также решили с раннего возраста учить их, как применять эти молитвы в своей жизни.

Оглядываясь на два десятилетия воспитания детей, мы понимаем, что не были идеальными родителями — однако мы были счастливы помочь нашим троим мальчикам стать эмоционально, духовно и физически сильными. Потому что каждый раз, когда возникала необходимость, мы молились с ними об исцелении и освобождении и замечали изменения в их поведении и отношении. Сегодня они процветающие молодые люди — в духе, душе и теле. Они не только знают и любят Бога, но и пережили Его силу. Они научились использовать эти молитвы каждый день, чтобы справляться с реальностью обиды, греха и демонических атак в своей жизни.

Избраны, поставлены на эту должность и оснащены

Как родитель, вы имеете такие отношения со своим ребенком, которые не может иметь ни один человек на всей планете. Бог дал вам этот дар. Он задумал эти отношения, чтобы доставлять большую взаимную радость. Он выбрал именно такую модель, чтобы научить ребенка глубоко знать и любить Бога и следовать за Ним все дни своей жизни[1]. Сам Господь показал нам такой пример —

---

[1] См.: Второзаконие 6:5-9; Притчи 22:6; Ефесянам 6:4.

Он и отец и мать Своим детям. Таким образом, отцовство и отношения — это сама суть и основа того, Кем является Бог.

Он не только избрал вас, но и поставил вас в такую позицию, что вы можете знать своего ребенка так глубоко, как никто другой. Ваша близость к своим детям позволяет вам замечать в них и в их окружении такие перемены, которые другие могут пропустить. Эти изменения могут стать ключом к тому, что на самом деле происходит в их жизни и каковы их истинные потребности.

Бог оснастил и подготовил вас для работы, которую Он вам поручил: если вы рожденный свыше последователь Христа, у вас есть Его разум, мудрость, власть и авторитет. В вас действует та же сила, что воскресила Иисуса из мертвых. Его исцеляющая сила может течь через вас, чтобы восполнить любые потребности вашего ребенка, будь то физические, эмоциональные или духовные. Он может использовать вас, чтобы изменить ситуацию[2]. Это духовные истины, и нужно начать опираться на них, даже когда наши чувства подсказывают иное.

У нас с Дэниелом существовало много своих проблем, однако нас буквально переполняла решимость использовать имеющиеся духовные инструменты. Мы выбрали быть уверенными в том, что Бог будет нас использовать, чтобы помочь нашим детям справиться с любыми трудностями, которые преподнесет им жизнь. Также мы очень хотели научиться большему. А самое главное — мы были всем сердцем посвящены и преданы Господу.

Вы можете это делать!

В мире существует духовное измерение, соответственно, есть эмоциональное и духовное измерение в отношении ситуаций, которые мы переживаем в физической сфере. Как показывает наш

---

[2] Читайте Иоанна 3:16; Ефесянам 1:19; 1-е Коринфянам 2:14-16; Матфея 28:18-19; 10:8.

опыт, многие эмоциональные, духовные и даже физические проблемы у детей и подростков уходят корнями в эмоциональную боль, болезненные воспоминания, негативные реакции на боль, или же в нерешенный грех, или в демонические силы, получившие доступ к их жизням. Бог хочет показать нам эти корни, а крест дает возможность эффективно с ними бороться.

Господь — источник исцеления и свободы — даже перед лицом величайших сложностей и проблем. Если оставаться «подключенными» к Нему, Он направит, поведет и будет использовать нас, чтобы даровать Свое исцеление и освобождение нашим детям.

Поэтому, если вы чувствуете или, возможно, знаете наверняка, что вашему ребенку нужна помощь в том, чтобы справиться с душевными ранами и болью, или он борется с грехом, или находится под влиянием демонических атак и уз — ободритесь! Бог поставил вас на эту должность и оснастил вас, родителей-христиан, чтобы исцелять и освобождать! Он за вас! Он любит ваших детей и хочет для них духовного, эмоционального и физического здоровья!

Когда вы научитесь применять идеи и молитвы, которыми мы делимся в этой книге, с растущей уверенностью и властью, адаптируя их соответствующим образом к возрасту вашего ребенка и обстоятельствам, вы удивитесь, какие перемены происходят в его жизни и в атмосфере вашей семьи в целом. Поступая так, вы поможете своим детям заложить эмоциональные, духовные и физические основы, необходимые им для процветания.

Минутка для размышления

Каким родителем вы хотите быть?

Поблагодарите Бога за то, что Он избрал вас, поставил на должность родителя и оснастил, чтобы помочь вашим детям процветать!

2

КАЧЕСТВО ЖИЗНИ ПРЕВЫШЕ ВСЕХ ВАШИХ САМЫХ СМЕЛЫХ ОЖИДАНИЙ

Благодаря кресту Христа
это становится возможным

Первоначальный план и сердце Бога были нацелены на то, чтобы каждый ребенок рос в полной семье с папой и мамой, в любящей, стабильной, безопасной, наполненной верой атмосфере. Очевидно, что многие дети сегодня растут в неидеальных, иногда мучительно трудных условиях. Одни пережили смерть, развод или окружены в повседневности раздорами, ссорами или нестабильностью. Другие чувствуют себя очень одинокими.

Какими бы ни были обстоятельства, какой бы густой ни была тьма, сколь глубока ни была бы боль, которую испытывает ребенок, Бог заботится о ваших детях. Он видит их обиды, борьбу и боль. Он видит, чем они связаны и как жаждут освобождения. Библия говорит, что все люди настолько ценны для Господа, что даже волосы на нашей голове сочтены (см.: Луки 12:7). Мы также читаем, что Бог «*соткал меня во чреве матери моей*» (Псалом 138:13). Он знает нас по имени (см.: Исаии 43:1). Все эти стихи применимы к вашему ребенку!

Если вы христианин, то наверняка слышали, что Иисус Христос разобрался с вашим грехом и грехом всего мира на кресте. Это не просто обещание жизни после смерти для вас. Божье желание — дать нам нечто большее, чем богословскую «справку о выходе из тюрьмы»; быть родителем-христианином подразумевает гораздо больше, чем просто приводить своих детей поиграть на площадку или привозить их в воскресенье на детское служение в церковь либо в какой-нибудь увлекательный летний лагерь.

Быть родителями — это прекрасное приключение, в которое пригласил вас Бог. Он действительно заботится о каждом из вас и ваших детей. Ему не все равно. Его волнуют ваши раны, боль и проблемы; Господь хочет, чтобы вы принимали активное участие в процессе улучшения этого мира, где каждый может наслаждаться жизнью в полной мере.

Жить полной жизнью

Как христиане, мы знаем, что Иисус спасает или же что Он пришел спасти. Однако многие не осознают, что спасение включает в себя полноту жизни, а также исцеление.

Давайте поразмышляем над словами Иисуса: «*Я пришел для того, чтобы имели жизнь и имели с избытком*» (Иоанна 10:10). Когда мы смотрим на служение Иисуса, то понимаем, что Он подразумевал под этими словами. Сын Божий исцелял людей, освобождал их, учил и даже кормил. То есть полнота жизни, о которой говорил Христос, включает в себя здоровье, свободу и удовлетворение наших естественных потребностей. Обратите внимание, что греческое слово *soteria* («спасение») переводится как «исцеление» в таких примерах:

- Женщина, двенадцать лет страдавшая кровотечением, говорила сама себе: «*…если только прикоснусь к одежде Его, выздоровею. Иисус же, обратившись и увидев ее, сказал: дерзай, дщерь! вера твоя спасла тебя. Женщина с того часа стала здорова*» (Матфея 9:21-22).
- Дочь Иаира умирала, поэтому он умолял о помощи: «*…приди и возложи на нее руки, чтобы она выздоровела и осталась жива*» (Марка 5:23).

Являя полноту жизни, Иисус не только показывал Божье сердце ко взрослым и детям, Он также учил Своих последователей быть людьми, которые исцеляют и освобождают. Он обещал, что придет Святой Дух и верующие получат силу разобраться, что мешает им, а также их детям жить полной, изобильной жизнью. Когда вы силой Святого Духа научитесь справляться с такими вещами, как обида, боль, грехи и демонические атаки, тогда вы сможете наслаждаться качеством жизни, которое сейчас кажется вам недоступным и превосходит ваши самые смелые мечты.

Поэтому, какая проблема ни беспокоила бы вашего ребенка, если вы не знаете, к кому обратиться за помощью, прежде всего обращайтесь к Богу! Он знает и любит ваших детей. Он хочет вернуть им улыбку. Бог показал нам Свою любовь и преданность, спустившись до нашего уровня, по виду став как человек и приняв муки креста. Иисус претерпел крест, потому что думал о людях, о вас и ваших детях (см.: Евреям 12:2)! Сын Божий хотел, чтобы все обрели спасение, исцеление и жили в абсолютной свободе. Его воскресение из мертвых — окончательная победа над всеми силами, которые отделяют нас от жизни в изобилии.

Истории измененных жизней

У Натали практически не было шансов жить в процветании: шестнадцатилетняя мать родила ее в неприметном швейцарском пригороде. Но благочестивые бабушка и дедушка помогли вырастить девочку. Когда Натали стала подростком, они говорили с ней об отвержении, окружавшем ее с рождения. Их участие и постоянные молитвы навсегда изменили судьбу внучки. Сегодня она красивая юная студентка университета, которая принимает жизнь и проживает ее с радостью.

Таня выросла в Скандинавии с эмоционально отстраненной мамой и отцом, страдавшим биполярным расстройством. Однако ей повезло, что с ними жила прабабушка. Это стало для девочки настоящим благословением. «Ее присутствие и молитвы сделали мое взросление в сложившейся ситуации сносным. Я была опустошена, когда потеряла прабабушку в раннем подростковом возрасте, но она проложила мне путь к поиску Христа во взрослой жизни».

Минутка для размышления

Верите ли вы в то, что Бог ценит и любит вашего ребенка, что Он видит вашу ситуацию?

Поблагодарите Господа за крест и за то, что Он хочет использовать вас, чтобы принести полноту и здоровье в жизнь вашего ребенка.

3

ИСТОРИИ С ПОЛЯ БОЯ

Как мы затачивали оружие

В этой книге мы поделимся с вами реальными историями из нашего опыта родителей и молитвенных консультантов. Надеемся, они вдохновят и воодушевят вас. Какие-то ситуации могут показаться вам странными, особенно если вы незнакомы с невидимым, духовным царством, как многие люди в западном мире. Тем не менее, пожалуйста, сохраняйте непредвзятость, ведь то, чем мы делимся здесь, может стать ключом к выходу из ситуации, в которой вы очутились сейчас или столкнетесь в будущем.

Молитва изменила рождение нашего сына

Мы купали нашего первенца в молитве с момента зачатия, пока он рос в утробе. Мы молились за его здоровье, развитие и защиту. Мы просили, чтобы любовь и присутствие Бога наполняли его. А также целенаправленно молились против наследственной аллергии и других болезней, которые, по нашим сведениям, присутствовали как с одной, так и с другой стороны семьи[3].

---

[3] Более подробно мы поговорим о молитве за нерожденного ребенка в разделе «Дополнительные материалы».

Если не считать постоянной тошноты, беременность протекала хорошо. Наш ребенок должен был родиться со дня на день, и мы были готовы к его появлению! Поэтому, когда доктор со всей серьезностью сообщил нам, что нас ждут долгие мучительные роды или даже кесарево сечение, мы были в шоке. Оказалось, что у ребенка ножное предлежание. Ничего хорошего эта новость не сулила. «Неужели ребенок не повернется сам? Не могли бы вы повернуть его в нужное положение?» — спрашивали мы с беспокойством. Нам так хотелось родить естественным путем! На что врач ответил: «Исходя из моего опыта, маловероятно, что на таком сроке ребенок развернется сам. Я также не могу рисковать, поворачивая его вручную, ведь если пуповина намотается на шею, кислород перестанет поступать в мозг».

Нас осенило, что у нас есть выбор: принять происходящее в физическом мире или сразиться с этим в духовной сфере. Мы постоянно молились о хороших, естественных родах и знали, что в планы Бога изначально не входила сильная боль при родах — она стала следствием грехопадения человечества. Мы верили, что Иисус понес всю нашу боль и забрал все проклятия, когда Сам сделался за нас проклятием на кресте. Мы понимали, что вероятность долгих и мучительных родов не являлась лучшим прогнозом от Бога для нас. Тогда мы осознали, что это прямое посягательство на жизнь с избытком, которую подарил нам Иисус и за которую Он заплатил ценой Своей жизни[4].

Было решено молиться, изгнать страх и упражняться в вере, чтобы увидеть чудо. Положив руки на мой живот, Дэниел взял власть над всеми демоническими атаками, пытавшимися помешать рождению нашего сына, и приказал каждому духу, причастному к происходящему, убираться прочь. Я несколько раз зевнула[5].

---

[4] См.: Бытие 3:16; Галатам 3:13 и Исаии 53:4.

[5] Во время молитв об освобождении человек часто может зевать — библейскому слову «дух» соответствует слово «дыхание».

Затем Дэниел обратился к ребенку и велел ему занять правильное положение для родов во имя Иисуса Христа. Во время молитвы я почувствовала движение в животе, и мы поняли, что Бог работает с малышом. Два дня спустя тот же врач осмотрел меня. Он удивился, обнаружив, что ребенок действительно развернулся в идеальное положение! Когда дело дошло до родов, они оказались настолько стремительными и легкими, что Бен едва не родился в машине по дороге в больницу!

Препятствие к зачатию устранено

Когда мы задумались о втором ребенке, Господь показал, что дает нам еще одного сына, Самуила. Однако, в отличие от нашего первого ребенка, которым я забеременела довольно быстро, казалось, что-то мешало появлению Самуила. Мы спросили Господа, как молиться, и вспомнили, что у матери Эстер тоже возникли определенные сложности с зачатием второго ребенка. Появилось ощущение, что в духовном мире что-то блокировало беременность. Когда мы помолились и освободили Эстер, она почувствовала, словно что-то сжалось в животе, а потом давление прошло. В следующем месяце она забеременела!

Излишне говорить, что родился мальчик, которого мы, естественно, назвали Самуилом. Этот случай показал нам, что в жизни что-то может мешать получать то хорошее, что Господь хочет нам дать. Мы можем молиться и просить указать нам на это, а затем молиться и устранять выявленные препятствия в духовном мире.

Наш ребенок получает свободу от страха

Однажды Дэниел смотрел документальный фильм о дикой природе, а наш шестимесячный сын мирно спал в коляске рядом с ним. Когда огромный крокодил открыл свою ужасную пасть, Дэниел взглянул на сына и удивился, что тот не спал и смотрел на экран телевизора. Внезапно малыш разрыдался, и все попытки успокоить его не увенчались успехом. Ничто не могло заставить ребенка уснуть. Дэниел не знал, что делать дальше, поэтому помолился и попросил у Бога мудрости. Он почувствовал, что сына атакует демонический дух и что он должен приказать ему уйти. Когда он это сделал, лицо малыша исказилось от ужаса — так проявился дух страха, который тотчас вышел. Черты лица нашего мальчика расслабились, он закрыл глаза и сразу же заснул!

Размышляя над этим эпизодом на протяжении многих лет, мы часто задавались вопросом, а что, если бы мы позволили духу страха остаться и укорениться в жизни нашего сына. Чисто с человеческой точки зрения и понимания ситуации, сложно объяснить случившееся, хотя в духовном аспекте это имело смысл. За наших детей идет духовная война. Как и в любой войне, враг играет нечестно. Он приходит украсть, убить и погубить любым доступным ему способом. Иисус же пришел дать жизнь и жизнь с избытком (см.: Иоанна 10:10). Эта ситуация показала нам необходимость быть подготовленными и ежедневно использовать молитвы об исцелении и освобождении в нашей родительской жизни.

Освобождение нашего ребенка от нечистоты

Вы не поверите, но некоторые дети все еще растут в мире, где нормально играть посреди улицы и гулять с детьми. Наши дети были именно такими. За их игрой не слишком внимательно присматривали старшие дети, и все постоянно ходили друг к другу в гости. В тихом пригороде Аргентины с умеренным движением на дорогах это казалось достаточно безопасным. Однажды наш пятилетний сын пришел домой с улицы, и мы заметили, что с ним что-то не так. Его взгляд казался беспокойным; когда мы смотрели на него, он был не похож сам на себя. Мы спросили у него, ничего ли не случилось, на что услышали «нет». И все же, глядя на его поведение в течение следующих нескольких дней, мы поняли, что он, должно быть, подпал под влияние какого-то нечистого духа. Оказалось, наш сын увидел сексуальную сцену по телевизору в доме у соседей, и дух нечистоты попытался проникнуть в его сердце. Мы объяснили ему, что можем приказать гадости, которая его расстраивала, уйти во имя Иисуса. Он согласился, но когда мы это сделали, забился под кровать и закричал, чтобы мы ушли.

Не обращая внимания, мы продолжали молиться. Спокойно и твердо мы запретили нападавшему на него духу и приказали ему убираться прочь. Через пару минут наш сын вылез из-под кровати и забрался к Дэниелу на колени. Когда мы посмотрели ему в глаза, они излучали мир и покой — ребенок снова стал самим собой! Мы поблагодарили Господа за понимание, как обнаружить демоническую атаку и справиться с ней прежде, чем дух действительно закрепится и начнет переплетаться с развивающейся личностью сына.

Внедрение молитв об исцелении и освобождении в повседневную жизнь

В процессе взросления наших детей молитвы об их освобождении стали частью нашей повседневной жизни. Мы развили привычку просить у Святого Духа водительства в том, *как* молиться и *что* делать всякий раз, когда замечали, что наш ребенок не процветает в определенной области своей жизни. Снова и снова мы наблюдали перемены после того, как использовали молитвы об исцелении и освобождении тем путем, каким Господь вел нас.

Сегодня наши мальчики эмоционально, духовно и физически сильные подростки и молодые люди. И дело не в том, что процесс взросления оказался для них простым и легким. Как раз наоборот — им пришлось столкнуться с огромными трудностями, включая переезд из провинциальной Северной Аргентины в оживленный швейцарский мегаполис. Однако они учатся справляться с эмоциональными ранами, грехом и демоническими атаками

Божьим путем. Мы молимся о том, чтобы истории и идеи, которыми мы делимся в этой книге, вдохновили вас и дали вам силы служить и оснастить своего ребенка духовными инструментами, необходимыми для его процветания.

Минутка для размышления

Какие истории есть у вас?

Возможно, сейчас вы переживаете ситуацию, которая напоминает поле боя? Попросите Бога подготовить и оснастить вас, чтобы помочь вашему ребенку преодолевать трудности сейчас и в будущем.

(4)

СРАЖАЙТЕСЬ СЕГОДНЯ, ЧТОБЫ ТАНЦЕВАТЬ ЗАВТРА!

Почему дети нуждаются в молитвах об исцелении и освобождении

Когда наши мальчики росли, мы работали в Северной Аргентине, где обучали взрослых и создавали ряд программ для детей, постоянно помогая людям решать проблемы в их личной жизни. Опять и опять мы обнаруживали, что эти проблемы уходят корнями в детство — когда ребенок переживал обиды, болезненные отношения или травмы. Какой беспорядок царил в жизнях многих людей! Мы словно пытались распутать огромный клубок ниток, который попал в лапы кошке, — на это занятие уходило столько же времени! Если не оказать помощь, не обработать и не лечить рану, может пойти заражение; точно так же детские раны гноятся и становятся твердынями, приводящими к неправильному выбору, нечестивому образу жизни и еще более трудным отношениям.

Многих проблем можно избежать

Мы задавались вопросом, какой была бы жизнь этих людей сегодня, если бы им *в детстве* сразу помогли справиться с обидами, болью и травмами? Какой характер был бы у них сегодня, если бы они еще в детском возрасте научились реагировать на боль и обиду Божьим путем вместо того, чтобы позволить горечи, ненависти и непрощению пустить корни и гноиться в их сердцах? Скольких страданий и боли можно было бы избежать, если бы они получили освобождение от демонических духов, как только те попытались вторгнуться в их жизнь, и не позволили им остаться, пустить корни и стать твердынями?

А как насчет множества детей, окружающих нас в воскресных школах и детских садах? Могли ли они исцелиться и освободиться с помощью тех же молитвенных инструментов, которые мы использовали со взрослыми и адаптировали для наших детей? Могло ли их будущее стать другим?

Вскоре у нас появилась возможность узнать это, когда мы присоединились к работе в детском саду в соседней провинции Жужуй. Детским центром руководили несколько сестер и христианский психолог, которые наблюдали, как страдания в семьях переходят из поколения в поколение. Они почувствовали, что молитвы об исцелении и освобождении могли бы стать инструментом, способным разорвать трагический круг жестокого обращения, нежелательной беременности, оставленности, бедности и т. д., повторяющихся из рода в род. Начав служить этим детям, мы увидели, что молитвы об исцелении и освобождении действительно способны приносить перемены как мгновенно, так и в долгосрочной перспективе.

Исходя из полученного опыта, мы стали адаптировать наши молитвы об исцелении и освобождении, консультируя взрослых, в соответствии с потребностями и возрастом наших мальчиков, а также других детей в церквах, с которыми мы общались.

Параллель между исцелением и освобождением для взрослых и детей

Всем известно, что, будучи детьми, мы переживаем обиды и боль. Однако часто нам не удается выразить или справиться с ней. Нередко дети поступают неправильно, но и мы не знаем, как исправить положение или разобраться с чувством вины. Можно попасть под демоническое влияние и при этом не иметь представления, как защитить себя или освободиться от него.

Дух ребенка может быть полностью жив для Бога через Христа, даже если его тело и душа находятся в процессе развития и взросления. Например, малыш может, как взрослый, поклоняться Господу, и в то же время закатывать истерику, если не получает желаемого. Для здорового развития детям нужна помощь, чтобы научиться контролировать свои эмоции и тело.

Поэтому наша роль как родителей — помогать нашим детям во всех этих областях. С того момента, когда ребенок способен проявлять свою волю, его нужно учить молиться и максимально задействовать волю в процессах освобождения и исцеления[6].

Минутка для размышления

Как много вы выиграли бы, если бы в детстве за вас молились молитвами об исцелении и освобождении?

Является ли для вас новой концепция о том, что ребенок имеет дух, душу и тело? Чтобы получить больше информации, прочтите 1-е Фессалоникийцам 5:23 и Исаии 61:1-3.

---

[6] См. также адаптированные молитвы для разных возрастов в разделе «Дополнительные материалы».

5

ЗДОРОВЫЕ ВЗРОСЛЫЕ — ЗДОРОВЫЕ ДЕТИ

Практические перемены на глубоком уровне

Мелани, мать-одиночка, привела к нам своего восьмилетнего сына, у которого возникли проблемы с поведением в школе. Во время консультирования выяснилось, что ей трудно устанавливать четкие и непоколебимые границы — проблема, уходящая корнями в гнев, который женщина испытывала к собственному отцу. При любых ошибках он обесценивал ее, редко хвалил или хоть как-то поддерживал. Мелани бунтовала против этого и поклялась никогда не быть похожей на отца. Когда мы молились, она простила его и раскаялась в своем поведении. После этого авторитет матери, данный ей Богом, начал восстанавливаться, она научилась устанавливать соответствующие границы и быть последовательной в воспитании сына. Процесс изменения мамы и сына происходил параллельно.

Ваше исцеление исцеляет ваших детей

Подобно Мелани, вы можете определить, какие сферы жизни влияют на вашего ребенка и нуждаются в прикосновении свыше. Помните: необязательно быть профессионалом, духовным гигантом или идеальным родителем, чтобы помочь своему ребенку преодолеть трудности, используя молитвы об исцелении и освобождении. Что вам действительно нужно, так это открыться для Божьей работы и быть готовыми изменить свой подход там, где это требуется.

Многие родители испытывают дискомфорт при мысли, что могут быть частью проблемы. Гораздо легче указывать на общество, учителя, других детей, синдром или болезнь. Иногда подобные объяснения верны. Иисус сказал, что *истина* сделает вас свободными (см.: Иоанна 8:32). Отличный отправной пункт — честно взглянуть на ситуацию в своем доме, на свое поведение в прошлом и настоящем. Бог добрый и снисходительный. Он не оставляет нас с чувством вины и осуждения, но наполняет новой надеждой и свободой.

Размышляя о проблемах, с которыми борется ваш ребенок, возможно, вы увидите параллель со своей биографией. Ободритесь! Господь хочет исцелить вас обоих! Вашему ребенку необязательно проходить через то, через что прошли вы. Молитва меняет судьбы.

В детском саду в Жужуй мы поняли, что можно разорвать круг греха и разрушения. Возложите свою веру на Иисуса, поверьте, что Он может исцелить вас и дать вашему ребенку яркое, светлое будущее. Позвольте Богу исцелить ваши раны, когда вы открываете Ему свою жизнь и ищите исцеления и полноты во всем для вашего ребенка. Полагайтесь на Его откровения и водительство в том, как молиться за ребенка и вместе с ним о тех проблемах, которые беспокоят его.

Ситуации, которые требуют изменения в практическом воспитании детей

И хотя данная книга сфокусирована на ситуациях, требующих исцеления и духовного освобождения, в определенных случаях родителям просто необходимо внести корректировки на практическом уровне.

Хуан (девять лет)

К нам пришла мама девятилетнего ребенка, у которого подозревали СДВ (синдром дефицита внимания). В ходе разговора выяснилось, что они с мужем совершенно по-разному понимают, сколько времени необходимо спать мальчику для полноценного отдыха. На вопрос, в котором часу он ложится спать, женщина уклонялась от ответа, пока наконец не призналась, что боялась навязать ребенку распорядок дня. Как результат, мальчик страдал от хронического переутомления. Вместо молитв об исцелении и освобождении ему требовалось просто ложиться спать пораньше.

Вторая проблема заключалась в том, что так как Хуан ложился спать очень поздно, он, следовательно, видел по телевизору то, с чем его юная душа едва справлялась. А постоянные разногласия родителей стали для мальчика источником глубокой неуверенности и страха. Его поведение отчасти стало реакцией на хаотичную, напряженную обстановку дома.

И хотя основная проблема наблюдалась в физическом мире, следует отметить, что постоянные ссоры в семье на самом деле добавили к ней духовный аспект. Дело в том, что когда родители разобщены, их дети становятся уязвимыми перед демоническими атаками[7]. Нравилось им услышанное или нет, однако этой паре

---

[7] Служение Дерека Принса, *Instruction On Deliverance For Children And Their Parents,* 1971.

пришлось сесть, обговорить ситуацию и прийти к соглашению относительно деталей воспитания своего ребенка.

Ситуации, требующие исцеления и освобождения на глубоком уровне

Признать неэффективность воспитания, поскольку что-то в нашей жизни разжигает огонь, нелегко. Такое признание мучительно и отрезвляюще. Если мы реагируем на своего ребенка, будучи обижены и пребывая в демоническом рабстве, никакие советы по практическому воспитанию не принесут особой пользы. Однако исцеление и освобождение на глубоком уровне могут стать ключом к переменам. Чтобы проиллюстрировать это, мы делимся ситуациями в нашей семье.

История Эстер

Будучи ребенком, я часто испытывала необъяснимую боль в животе и желание умереть. Я не раз уносилась в фантастический мир героических поступков и сексуальных мечтаний. Примите во внимание то, что я росла в Кении без телевидения и журналов, которые могли бы вызвать подобные мысли. Взрослея, я страдала от частых перемен настроения, неуверенности, неприятия и изоляции. Когда мне было семнадцать, на одной из конференций я общалась с душепопечителем по поводу своих сексуальных фантазий и получила освобождение от чувства вины и стыда. Я почувствовала себя чистой, с меня свалился огромный груз. Однако, когда я вышла замуж, мне было трудно открыться мужу, возникли сложности в сексуальной сфере. И тогда Господь показал мне корень моих проблем. Когда я была еще совсем маленькой девочкой, некий мальчик в Кении пытался изнасиловать меня. Дэниел молился со мной, используя шаги для внутреннего исцеления и освобождения[8]. В результате мне удалось лучше раскрыться сексуально и эмоционально, хотя я все еще испытывала перепады настроения, периоды тьмы и отчаяния.

Когда нашему первому сыну исполнилось тринадцать, наши с мужем отношения в корне изменились. Я не могла понять, что со мной происходит. Я очень сильно его любила, но при этом начала отвергать его. Меня буквально шокировало чувство ненависти, поднимавшееся во мне в различных ситуациях. Временами мне хотелось увидеть, как он страдает. Мы часто ссорились, и мой сын начал бунтовать все больше и больше. С усилением душевной боли он стал все больше отдаляться от нас, скатываясь вниз по спирали разрушения.

Тогда Дэниел понял: что-то во мне все еще нуждалось в исцелении, и это нужно было сделать срочно, пока мы окончательно не потеряли сына.

Мы попросили Господа показать нам корень проблемы, которая отравляла наши отношения. Во время молитвы Бог вернул меня в ту ситуацию, когда мальчик-подросток пытался изнасиловать меня в гостевом доме в Кении. В шестилетнем возрасте я не понимала, что происходит, и мое сознание тотчас заблокировало этот инцидент. А когда мой сын достиг примерно того же возраста, что и мальчик, надругавшийся надо мной, во мне сработал спусковой механизм. Все воспоминания вырвались наружу.

Я прошла с Дэниелом этапы исцеления от болезненных воспоминаний и обрела бóльшую свободу и стабильность. Я также посетила исцеляющий ретрит в Англии и получила исцеление от депрессии, связанной с этими воспоминаниями. Один из приезжих служителей, который ничего не знал ни обо мне, ни о моих отношениях с сыном, сказал мне: «Ты знаешь, что для своего сына

---

[8] См. книгу *Ministering Below the Surface* Альберта и Элизабет Тейлор.

являешься представителем Бога? Перестань отвергать его. Люби его безоговорочно и безусловно любовью Отца».

Мое исцеление спасло наши отношения с сыном. Я перестала отвергать его и начала любить и принимать. Перемены во мне позволили ему снова открыть свое сердце Богу. Сегодня у нас теплые, близкие отношения. Вместе с Дэниелом мы смогли помочь нашему сыну вернуться в место благодати. Сейчас он всем сердцем любит Господа, следует за Ним и служит Ему. Я никогда не смогу найти достаточно слов, чтобы выразить Богу благодарность за все, что Он сделал для нас.

Минутка для размышления

Какие практические изменения нужны вашему подходу к воспитанию?

Как ваши проблемы могут быть связаны с трудностями, с которыми сталкивается ваш ребенок? Примите решение поработать над ними.

Исцеляющий дом

Б.

ИСЦЕЛЯЮЩИЙ ДОМ

(6)

ОТНОШЕНИЯ «ПО ДУШАМ»

Приоритет отношений

Проповедники часто используют пример регулировщика дорожного движения, чтобы объяснить суть понятия «власть». Когда вы наделены ей, то можете направлять движение так, чтобы избежать аварий и хаоса на дороге. Это не требует больших усилий. Точно так же родителям-христианам доверена духовная власть, чтобы наставлять и направлять своих детей, избегать хаоса в семье[9]. Ваша основная ответственность как родителя — за семью, а не за улицу. Семья имеет стратегическую и упорядоченную структуру. Отцу как главе дано обещание, что в семье будет присутствовать Христос (см.: Матфея 18:20). В отсутствие отца Сам Господь входит в семью, чтобы исполнить его роль (см.: Псалом 67:6). В этом контексте христианская семья подразумевает церковь и верующих родителей, логичный и авторитетный выбор Божий, чтобы направлять, наставлять и служить своим детям[10].

---

[9] См.: Второзаконие 11 (особенно ст. 19); Притчи 22:6.

[10] Bill Banks, *Deliverance for children and teens*, с. 112.

Делать учеников

Регулировщик раздает приказы с большого расстояния. От него не требуется знать человека лично или иметь отношения с теми, кого он направляет. Однако родителям нужно иметь глубокие, близкие отношения со своими детьми — так же, как Бог Отец имеет близкие отношения с Сыном и Святым Духом. Таким образом, наша власть как родителей должна быть встроена в отношения и общение с ребенком.

В Своем последнем наставлении, записанном в Евангелии от Матфея 28:16-20, Иисус повелевает не только рассказывать людям Благую Весть, но и делать учеников. Как христиане, мы должны осознать, что нас окружает множество людей, которым нужно познать Христа и стать Его учениками. Наверное, мы с радостью стремимся выполнить это поручение! Однако для нас, родителей-христиан, наши дети должны занимать первое место в списке тех, для кого мы являемся наставниками и из кого мы делаем учеников Иисуса. Мы встречали немало людей, выросших в христианских семьях и при этом с возрастом отвернувшихся от Бога. Очень часто такое случается, потому что у родителей не получилось установить с ними глубокие, близкие отношения и эффективно наставить их.

Процесс ученичества подготавливает нас и позволяет в дальнейшем общаться с Богом самостоятельно. На базовом уровне ученик — это тот, кто тесно контактирует, следует за своим лидером и подражает ему. На протяжении трех лет ученики все время жили рядом с Иисусом. Они слушали и извлекали уроки из Его слов и действий, а затем повторяли за Ним. Не всегда все хорошо получалось, но Иисус помогал, ободрял и исправлял их. Похоже, Он никогда не упускал из виду, кем они станут. Будучи на тот момент пестрой неотесанной толпой, в конечном счете именно они распространили Евангелие по всему известному им миру, навсегда изменив ход истории человечества. Дети отчаянно нуждаются в таких близких отношениях и поддержке со стороны родителей, которые видят их такими, какие они есть сейчас, и стремятся к тому, чтобы помочь им стать теми, кем они могут стать.

Как это делал Иисус

Видеть наших детей глазами Христа не означает приукрашивать их недостатки. Это означает видеть, кем они являются сейчас и кем станут во Христе, тем самым подготавливая их к реализации своего потенциала. Разбираться с трудными, неприятными или даже угрожающими ситуациями — часть процесса ученичества. Опять же, Иисус оставил нам прекрасный пример, как это делать!

Возьмем хотя бы Петра — вспыльчивого ученика, который отрубил ухо слуге первосвященника в попытке остановить арест своего Учителя. Затем он поклялся следовать за Иисусом, куда бы Тот ни пошел, даже до смерти, однако всего через несколько часов три раза отрекся от Него, не менее решительно заявляя, что не знает этого человека. Предупреждение Христа об отречении Петра заставило последнего чувствовать себя еще хуже. Разочарованный в себе и удрученный, он вернулся к своему прежнему занятию — ловле рыбы. История так и закончилась бы, если бы не одно «но» — Иисус воскрес из мертвых.

Для Петра даже это не имело значения, пока он не пережил особенную встречу с Иисусом на берегу Галилейского моря. За обедом Христос проводит Петра через своего рода внутреннее исцеление. Иисус три раза спрашивает Своего ученика, любит ли он Его. Три раза Петр отвечал, что любит — или, по крайней мере, Он ему нравится (см.: Иоанна 21:15-17). (В переводе с греческого языка Иисус, спросив Петра, любит ли он Его, использовал слово «агапас». А Петр ответил «филио», то есть люблю как друга. В английском варианте данной книги автор использовал слово *like* — «нравиться». — *Прим. переводчика.*) Возможно, «нравишься» — это все, что Петр мог выдавить из себя после того, как оставил Иисуса, когда его Учитель так отчаянно нуждался в поддержке. Однако в одном из самых трогательных отрывков Писания Сын Божий доверяет этому сломленному, униженному и разочарованному человеку пасти Своих овец!

Христос вкладывал время и силы в то, чтобы научить учеников, которых Бог доверил Ему, справляться с тем, что может их погубить: обиды, боль, грех, ошибки. Он также учил их о царстве сатаны, о том, как оно действует и как побеждать его на личном уровне и сообща[11]. Если нам доверили наставлять детей, то необходимо знать, как это делать, и брать пример с Иисуса, чему Он учил Своих учеников. Для нас это должно стать обычным делом.

Отношения

Отношения «по душам» лежат в основе ученичества и исцеляющего дома. Таких отношений не бывает по умолчанию или потому, что по праву рождения вы автоматически имеете доступ к сердцу вашего ребенка. Они целенаправленно выстраиваются годами. Для построения отношений, в которых ребенок впустит вас в свое сердце, важно не только качество, но и *количество* времени, проведенного вместе.

Дети необязательно открываются, когда нам это удобно. Вы можете выстроить свои отношения так, чтобы находиться рядом, когда они это сделают и когда это будет важно для них. Вы можете проводить с ними как можно больше времени, делая что-то вместе, просто находясь рядом. Прилагайте усилия, смотрите им в глаза, слушайте, что они на самом деле говорят вам.

Отношения «по душам» позволяют увидеть перемены в ребенке, а также признаки того, что он переживает какую-то борьбу.

---

[11] Например, Матфея 4:1-11; Матфея 16:19; Марка 5:1-20; Луки 8:2; Матфея 12:22-30.

Скорее всего, ребенок расскажет именно вам, а не кому-то другому причину своего беспокойства. У вас с детьми особая связь, только вы имеете уникальный доступ к их сердцам, они видели вашу заботу в деле. С вами они чувствуют себя в безопасности. Благодаря таким отношениям вы будете рядом, чтобы направлять и учить их, как разрешать ситуации и проблемы Божьим путем.

Пусть построение и поддержание крепких отношений с ребенком станет вашим приоритетом. Объятия и поцелуи, игры, сказки на ночь, совместное выполнение какого-нибудь задания, участливое выслушивание с пристальным взглядом в глаза детям, когда они делятся с вами чем-то важным для них, — лишь некоторые способы, как можно формировать крепкие отношения со своим ребенком с первого дня его появления на свет.

И последнее, но не менее важное, — покажите им безусловную любовь, такую, как Иисус проявил к Петру. Безусловная любовь говорит: «Я люблю тебя за то, кто ты есть, а не за то, что ты делаешь или чего не делаешь. Я люблю тебя независимо от того, что ты заставляешь меня чувствовать или как выглядеть». Безусловная любовь проявляется через границы и ответственность за последствия, направленные не на контроль и доминирование, а на формирование и воспитание благочестивого характера, так необходимого детям, чтобы по-настоящему процветать во всех сферах жизни сейчас и в будущем.

Минутка для размышления

Как вы описали бы свои отношения с ребенком сегодня? Это больше похоже на регулировщика дорожного движения или на отношения «по душам»?

Какие практические шаги вы можете предпринять, чтобы построить более глубокие отношения со своим ребенком? (Больше идей вы найдете в разделе «Дополнительные материалы».)

РАСПОЗНАВАТЬ ЗНАКИ
И СИГНАЛЫ

Истинное понимание происходящего

Чем крепче ваши отношения с ребенком, тем легче вам будет заметить и распознать, что он, возможно, борется с проблемой, и ему нужна ваша помощь, чтобы справиться с этим. Если обычное поведение детей изменилось или если вы чувствуете, что они не процветают, как могли бы вы, присмотритесь и попытайтесь понять, что произошло или происходит в их жизни, чтобы помочь им.

Возможные признаки существования проблемы:

- Перемены в обычном поведении, например агрессия, отстраненность.
- Грусть, страх или злость в глазах.
- Ребенок не смотрит в глаза.
- Антисоциальное поведение.
- Уклончивые ответы.
- Замешательство.

- Уход в мир фантазий.
- Ребенок разыгрывает или рисует необычайно жестокие или сексуальные сцены.

Возьмите на вооружение увиденное

Дети, особенно маленькие, живут здесь и сейчас. Им нужно помочь научиться обрабатывать информацию и справляться с ежедневными вызовами. Недоброжелательные фразы, такие как «все тебя ненавидят», могут глубоко ранить. Если в этот момент родитель рядом, то инцидент можно быстро проговорить и разрешить. К вечеру ребенок может уже не захотеть говорить о том, что случилось утром. Скорее всего, ему каким-то образом удалось *справиться* с проблемой, однако это не означает, что он *разобрался* с ней. Поэтому, если такое возможно, мы рекомендуем самостоятельно воспитывать детей. Или, по крайней мере, старайтесь быть рядом, когда они уходят в школу и возвращаются домой. Возможно, вам придется пойти на определенные жертвы, чтобы проводить больше времени с вашим ребенком. Но оно того стоит!

Эстер вспоминает:

Маме достаточно было просто взглянуть на меня, когда я возвращалась из школы домой, и она сразу улавливала, в каком я настроении. В подростковом возрасте это иногда раздражало меня, хотя я была благодарна, что ей не все равно. После школы мы всегда вместе пили чай. Мама внимательно выслушивала меня и интересовалась, как прошел мой день. Мы обсуждали даже самые незначительные ситуации. Ни одна проблема не была слишком большой или слишком маленькой — вместе с Богом мы все преодолевали в молитве! Если я приходила домой расстроенная чем-то, разговор с мамой подбадривал меня, и вскоре я снова готова была встретиться с миром и со своим домашним заданием!

Я была благодарна маме за ощущение безопасности, тепла и комфорта, которые испытывала, проводя с ней время каждый день, особенно в подростковом возрасте. Поэтому я следовала ее примеру со своими детьми и делаю это по сей день. Так мне легче понять, что происходит в их сердцах и жизнях. Я всегда была рядом, чтобы научить их быстро справляться с обидой или гневом, уметь сразу же прощать, чтобы улаживать конфликты с другими людьми как можно скорее. Я так благодарна за полученную привилегию!

Почему важно проработать, а не просто справиться

Для формирования здоровой личности жизненно необходимо развить определенную степень стойкости и стать толстокожим. Это не значит, что нужно выжимать из детей откровенные разговоры или заставлять их обнажать душу и говорить с нами абсолютно обо всем. Важно читать знаки и быть рядом, когда им необходима помощь, чтобы справиться с чем-то. Если детям *постоянно* приходится справляться с трудностями самостоятельно, существует большая вероятность того, что они выработают нездоровые стратегии выживания, такие как отрицание, агрессия, чрезмерная деятельность, злоупотребление психоактивными веществами или переедание. Сколько взрослых все так же полагаются на одни и те же бесполезные стратегии выживания, которые они выработали в детстве, причиняя вред себе и окружающим.

Как реагировать, если информацию не сохранили в тайне

«Здесь я *заменяю вам родителей*, я для вас родитель в школе, вы можете обращаться ко мне по любым вопросам». Доброжелательное обращение классного руководителя в начале учебного года в восьмом классе... Однажды в обеденное время я проявила решительность и поймала того учителя на слове. Я доверилась ему и призналась, что подлость и издевательства со стороны другого учителя в школе расстраивали весь наш класс. Мы не могли больше терпеть и нуждались в его помощи. «Вы правильно сделали, что доверились мне, — сказал он, — я разберусь с этим». Не прошло и десяти минут, как в класс ворвалась учительница, изводившая нас все время, и обвинила меня в том, что я жалуюсь на нее за ее спиной. Из глаз потекли слезы. «Как он мог так поступить со мной?» — недоумевала я, пребывая в шоке. Тогда я в последний раз доверилась учителю.

Возможно, у вас был подобный опыт? Возможно, вы открылись кому-то, а этот человек лишь посмеялся над вами либо приуменьшил ваши заботы или проблемы? Вы доверились, но в ответ вас предали. Если вы находились в такой ситуации, готова поспорить, что так же, как и я, вы больше никогда не доверяли этому человеку! Возможно, вы даже поклялись, что больше никогда не проявите слабость и никогда *никому* не доверитесь.

То, как мы реагируем на наших детей, когда они общаются с нами — вербально и невербально, — определит, до какой степени они откроются нам и обратятся за помощью в будущем. Не стоит считать само собой разумеющимся, что наш ребенок будет рассказывать нам о своих проблемах просто потому, что мы его мама или папа. Дети невероятно восприимчивы и прекрасно все улавливают — действительно ли мы слушаем или думаем больше о следующем телефонном звонке, который нам нужно сделать. Они могут почувствовать — мы с самого начала считаем их бременем, а их существование ошибкой или же мы по какой-то причине разочарованы в них.

Открываясь, дети ожидают, что вы выслушаете их, поддержите и предпримите что-то в тех ситуациях, которые они не в силах решить самостоятельно.

Минутка для размышления

Что вам необходимо для того, чтобы лучше считывать знаки своего ребенка?

Как вы справляетесь с болезненными ситуациями (стратегии выживания)? Как это делает ваш ребенок?

ВАШ ХРИСТИАНСКИЙ ОБРАЗ МЫШЛЕНИЯ

Детское доверие и духовная бдительность

Мы говорили о важности отношений «родитель — ребенок» и вашем присутствии в исцеляющем доме. Как подготовить свой разум и создать такой духовный климат в семье, чтобы эффективно справляться с возникающими нуждами и проблемами? Ключ к пониманию вопроса кроется в том, как Иисус отвечал детям, которых привели к Нему, когда Он был на земле, что Он сказал взрослым о вере и доверии в этом контексте.

Правильный адрес

Бог серьезно относится к восполнению нужд детей, и нам следует быть похожими на них, чтобы получать от Него. В Матфея 19:13 мы читаем:

Тогда приведены были к Нему дети, чтобы Он возложил на них руки и помолился; ученики же возбраняли им.

Возможно, ученики считали, что дети слишком шумят и отвлекают Иисуса от серьезного дела: учения, исцеления, освобождения взрослых. Или они полагали, что беспокоиться о нуждах детей — ниже достоинства их Учителя? Или что дети слишком малы, чтобы понять, в достаточной мере взаимодействовать с Иисусом и получить от Него? Какими бы ни были причины, Христос остановил учеников:

…пустите детей и не препятствуйте им приходить ко Мне, ибо таковых есть Царство Небесное (Матфея 19:14).

А в следующем стихе Он возлагает на детей руки. И только после этого Сын Божий продолжил Свой путь: *«И, возложив на них руки, [Иисус] пошел оттуда»*.

Должно быть, каждый ребенок имел эмоциональную, физическую или духовную нужду, поэтому родители привели их к Иисусу, и Он возложил на них руки. Только представьте себе, какую любовь, благословение, радость, силу и свободу получили эти дети!

Поэтому, если Христос с радостью служил детям и восполнял их нужды здесь, на земле, без сомнения, Он хочет делать это сейчас с Небес. Неважно, при каких обстоятельствах был зачат ваш ребенок или ребенок, которому вы служите, неважно, какое у них поведение или с какими проблемами они сталкиваются, Бог любит их и приглашает к Себе. Если вы приведете детей к Иисусу, Он не отвернется от них!

Сердце, как у ребенка, высвобождает Божью силу

Вы заметили, что маленькие дети склонны безоговорочно доверять родителям?

Надругательство, пренебрежение, глубокое отвержение разрушают такое доверие, но при этом ребенок инстинктивно смотрит на родителя, ожидая, что тот восполнит его нужды. Родители —

центр Вселенной для ребенка. В его глазах и, возможно, исходя из полученного опыта, папа и мама знают и умеют все!

Именно на такое отношение, на сердце, как у ребенка, наполненное верой и доверием, указывает Христос, говоря *«…ибо таковых есть Царство Небесное»*. Когда мы приводим детей к Иисусу, нам самим нужно быть как дети!

Быть как дети подразумевает:

- Уверенность. Мой Небесный Отец — самый сильный Отец во Вселенной.
- Мир и безопасность. Я знаю, Кто мой Небесный Отец, поэтому понимаю, кто я такой.
- Праведную жизнь. Я знаю, какое поведение и отношение радует Его.
- Веру. Я знаю, что мой Небесный Отец может сделать абсолютно все.

Удерживать правильный фокус

Один из самых больших вызовов для родителей-христиан сегодня — удерживать фокус, подобный детскому, на Боге, особенно когда различные эксперты окружают вас со своими советами.

Когда ученики пытались удерживать родителей и их детей подальше от Иисуса, видимо, они тоже упустили из виду, Кем был Иисус и что Он мог делать. В окружении настойчивой толпы они снова стали мыслить категориями ценностей этого мира и поступать соответственно. Как быстро такое может произойти и с нами! Мы познали Иисуса и следуем за Ним. Мы понимаем, что Он совершил в наших жизнях, однако когда возникает проблема, мы возвращаемся к старому образу мышления и полагаемся на себя в поисках решения! Такое отношение мешает Божьей силе прийти в нашу ситуацию в полной мере. В то же время детское доверие ожидает и верит, что Господь хочет помочь и поможет. Всегда. Всякий раз. Он не подведет.

Распознавать корень проблем

Так же, как дети инстинктивно обращаются к нам, мы должны научиться (или вспомнить заново) интуитивно обращаться к нашему Небесному Отцу от имени детей. Когда мы взываем к Богу с детской верой, доверием и ожидаем помощи от Него, то позволяем Святому Духу показать нам, что происходит в сердце нашего ребенка и что ему действительно нужно в данной ситуации.

Дух Святой вел нас таким образом много лет, благодаря чему мы сохранили свои нервы, ресурсы и энергию и были ограждены от беспокойства и переживаний. Сколько раз мы приносили ребенка на руках молитвы к Богу, а в голове звучали вопросы, которые мы приводим ниже. Он показывал нам корень проблемы и, соответственно, давал понимание, как наилучшим образом помочь ребенку.

Вопросы для размышления:

- Кроется ли корень проблемы в физической, эмоциональной или духовной плоскости либо же это комбинация всех перечисленных сфер?
- Нужна ли здесь медицинская помощь?
- Возможно, детям просто необходимо поговорить о том, что их беспокоит?
- Ранили ли моего ребенка слова или поступки кого-то?
- Нужна ли моему ребенку помощь в том, чтобы навести порядок в отношениях с Богом и/или другими людьми?
- Находятся ли дети под демоническим влиянием или переживают духовные атаки?
- Может быть, им просто не хватает воды, объятий или хорошего сна?
- Нужна ли им какая-то практическая помощь или поддержка?

Позвольте Царю удивить вас

Какие-то вопросы и ситуации простые. Причина или корень проблемы ясна. Например, если ваш ребенок упал с высоты и сломал ногу, то помощь очевидна — нужно ехать в больницу и наложить гипс.

Но даже в обстоятельствах, которые требуют обычного решения, культивируйте в себе привычку обращаться к Богу и сначала спрашивать Его. Он очень любит помогать нам и удивлять нас. Как-то жарким летом мы пережили это с нашим младшим сыном.

В шестом классе он сломал палец. Нам показалось, что накладывать гипс до самого локтя чересчур, однако вариантов не оставалось. В больнице настаивали, что это необходимо, а с гипсом он не мог плавать. Питер сильно расстроился. Лето только началось, и он с нетерпением ждал, когда сможет купаться в озерах и реках неподалеку от нашего дома в Цюрихе. А теперь оказалось, что ему придется целых три недели сидеть на берегу и наблюдать, как веселятся его друзья. Мы принесли Питера в молитве к Иисусу, веря в чудо. Его лидер в церкви тоже верил и молился о чуде исцеления. Через шесть дней Питер пошел на проверку, ему сделали рентген, чтобы убедиться, что кости срастаются правильно. К нашей радости, врач объявил, что больше нет необходимости накладывать гипс. Он больше не нужен! Наш сын спросил врача, нормально ли снимать гипс всего через шесть дней. Ответ прозвучал следующий: «Нет, обычно я так не делаю!» — «Так я могу теперь плавать?» — поинтересовался Питер. «Да, можешь, только будь осторожен с нырянием. Твой палец еще слабый. Ты же не хочешь сломать его снова?!»

Действуйте!

Когда Иисус вознесся на Небеса, Он воссел по правую руку от Отца (см.: Марка 16:19). Почему воссел? Потому что выполнил все, что было необходимо с Его стороны, и дал власть Своим последователям продолжать работу во имя Его (см.: Матфея 28:18-20). Прежде чем уйти, Иисус сказал:

Истинно, истинно говорю вам: верующий в Меня, дела, которые творю Я, и он сотворит, и больше сих сотворит, потому что Я к Отцу Моему иду (Иоанна 14:12).

Таким образом, если Иисус возлагал руки на детей и восполнял их нужды, мы, Его последователи, можем поступать так же. Если у нас есть детская вера и доверие Богу, мы можем возлагать руки на детей и служить им. Не имеет значения, какие у них нужды. Неважно, насколько они большие или маленькие. Мы делаем это во имя Иисуса Христа, используя Его власть. Так, словно руки Сына Божьего прикасаются к ним, а сила Его воскресения течет через нас, чтобы восполнять их потребности. В этом основа исцеляющего дома.

Минутка для размышления

Насколько ваша вера и доверие похожи на детские?

Поговорите с Богом о любых проблемах, с которыми борется ваш ребенок. Поблагодарите Господа за то, что Он приглашает его к Себе, Он хочет и может помочь.

Представьте, что вы возлагаете руки на ребенка во имя Иисуса, чтобы восполнить его нужду. Если вы не практикуете молитву за других людей, используйте свое воображение, так вы привыкнете к этой идее.

9

ВАЖНОСТЬ СЕРЬЕЗНЫХ ВОПРОСОВ

Культивируйте неподдельную и сверхъестественную веру

Можно предпринимать все, что в ваших силах, чтобы культивировать атмосферу веры и доверия в вашей семье. Однако, как только дети выходят за порог дома, они подвержены влиянию извне, которое может бросить вызов их вере и поднять серьезные вопросы. Мы хотели дать своим детям возможность развивать свою веру на интеллектуальном, практическом и сверхъестественном уровнях с помощью молитв и инструментов, предложенных в этой книге. Поэтому поставили приоритет — общаться и молиться с нашими детьми о том, что они видели и переживали в доме и за его пределами. Мы знали, что оставленная без внимания боль и неотвеченные вопросы способны дестабилизировать внутреннее состояние и привести к крушению веры. Сомнения и неверие, если им позволить расти, могут разъедать веру и доверие, поэтому детям становится сложнее принимать то, что у Бога есть для них.

Итак, вопрос заключается в следующем: как ваши дети будут прорабатывать обиды и болезненный опыт? Как помочь им взращивать свою веру? Как ответить на серьезные вопросы, например: «Почему меня ранили?», «Почему Бог не приложит больше усилий, чтобы сделать мир лучше?», «Почему христиане так часто терпят неудачи?», «Как соединить нехристианское учение в школе с тем, что я слышу дома? Разве наука не развенчала веру?», «А что насчет веры и религии?», «Как мне найти цель и смысл жизни?».

На эти темы написаны целые книги. Здесь мы кратко ответим только на несколько из озвученных вопросов[12].

Почему Бог не сделает мир лучше?

В истории ниже проводятся определенные параллели. Они помогут вам ответить на некоторые серьезные вопросы.

Однажды в нашем доме в Аргентине забилась одна из труб. Чистая вода поступала извне, а грязная должна была по трубам выходить из дома, однако вместо этого вода из канализации потекла в комнату и во двор. Это было настолько ужасно, что первый сантехник, увидев проблему, просто сбежал! Оказалось, кто-то из соседей запихнул в унитаз брюки. Естественно, они застряли там, потому что трубы очень узкие, а сама канализационная система весьма допотопная. Возможно, подобно брюкам в трубе, существуют преграды, не позволяющие силе Божьей течь в нашей жизни во всей полноте. Иногда необходимо выяснить, что именно является таким препятствием, и устранить его с помощью соответствующих молитв. Такие преграды могут иметь различные формы, включая наши грехи, грехи других людей, вмешательство

---

[12] Если вам необходимо больше информации о книгах на эту тему, мы рекомендуем служение Дерека Принса (derekprince.org) и служение Эндрю Уоммака (awmi.net).

бесов, невежество и неправильное понимание того, Кем является Бог и чего Он хочет для нас.

Одним из величайших даров, который Господь дал людям, является способность самостоятельно выбирать и принимать решения. Иногда наш выбор ранит других людей. В истории выше кто-то принял безответственное, эгоистичное решение избавиться от старой одежды, как ему захотелось, в результате чего пострадали мы. Чтобы положить конец мучениям и несправедливости в мире, Богу пришлось бы постоянно вмешиваться и менять решения людей. Поступая так, Он весьма успешно превратил бы нас в роботов, не способных иметь с Ним соответствующие отношения.

Кроме того, что страдания являются последствиями человеческого выбора и решений, Библия показывает нам, что некоторые из них связаны с грехопадением человечества. Однажды Бог приведет все в порядок, и тогда страдания исчезнут. А пока мы можем попадать в различные ситуации, но это не означает, что Господь хотел такого для мира. Люди и животные умирают, природные катаклизмы уносят множество жизней и меняют облик земли. Все, что мы можем делать, — это плакать с плачущими.

Наконец, дети должны знать, что наш враг не дремлет. Сатана изо всех сил пытается испортить нам жизнь и запихнуть в наши трубы «джинсы» всех цветов и размеров, чтобы вместо свежей воды мы получали зловонные нечистоты. Немного позже в этой главе мы рассмотрим его роль.

Ключевые истины:
- Бог любит нас. Он отдал за нас Свою жизнь (см.: Галатам 2:20).
- Господь благ, и все хорошее приходит от Него (см.: Иакова 1:17).
- У нас есть выбор делать то, что ранит нас самих и других людей (см.: Галатам 5:13).

- Наступит день, когда Бог снова сделает все правильным и справедливым (см.: Откровение 21:4).
- Если мы любим Бога, то можем надеяться, что Он обратит во благо все плохое, что происходит с нами сейчас (см.: Римлянам 8:28).

Интеллектуальные и практические вопросы

Двое наших сыновей изучали в начальной школе теорию эволюции во время работы над проектом о динозаврах. Мы говорили им, что небеса и землю создал Бог, поэтому после рассказанного в школе у них возникли вопросы: «Означают ли слова учителя, что я больше не могу верить Богу и Библии?» Дэниел уделял время на обсуждение и исследование этих вопросов с мальчиками. Как результат, они выросли и интеллектуально и духовно. Вместо того чтобы потерпеть кораблекрушение в вере, они начали развивать свою веру в Творца, Бога силы.

Не стоит бояться выражать сомнения и искать ответы на интеллектуальные вопросы вместе с детьми. Бог понимает это, и вы тоже можете научиться понимать. Если вы не знаете ответа на вопрос, просто скажите: «Хороший вопрос. А знаешь, у меня нет ответа. Но я постараюсь узнать. Давай я поищу информацию, и мы поговорим об этом». После обязательно поищите ответ и снова поднимите этот вопрос как можно быстрее.

Детям также необходимо развивать веру, которая не только поможет найти ответы на интеллектуальные и душевные вопросы, но и которую можно будет применить в каждой сфере их жизни. Уделяйте время, чтобы поговорить с ними о вере и науке, стиле жизни, развлечениях, деньгах, сексуальности, политике и т. д. Научите их ценностям Божьего сердца, тому, как придерживаться их в каждой сфере своей жизни. Помогите детям понять свои дары и цели в жизни, давая им возможность пробовать что-то новое и найти занятие, где они могут использовать свои таланты.

Вера против религии

Некоторые церкви взращивают религию, сомнения и страх. Например, друг нашего сына очень интересовался Иисусом, а в церкви мальчику сказали, что Библия полна противоречий. Он знал, что мы верим Библии, и спросил нашу точку зрения. Мы отлично побеседовали и объяснили, почему Писанию можно доверять, как оно помогает нам жить полной жизнью сегодня.

Приложите максимум усилий для того, чтобы стать частью поместной церкви, которая проповедует Слово Божье, наполнена Духом и созидает веру независимо от деноминации. Даже если вы ходите в такую церковь, помните: возможно, вашему ребенку все равно нужна помощь в осмыслении всей информации, которую он слышит и видит, потому что церкви несовершенны! Будьте бдительны, но не контролируйте. Разговаривайте со своими детьми о том, что они учат в воскресной школе или в молодежной группе. Помните, в конечном счете не пасторы или детские служители, а мы, родители, ответственны за духовное наставничество своих детей.

Важность сверхъестественного

Обычно у детей меньше проблем с верой в чудеса и молитвой о них, чем у взрослых. Дети часто видят что-то в духовном мире и воспринимают это как само собой разумеющееся. Нашему младшему сыну было пять лет. Эстер пришла к нему поговорить перед сном, и Питер как бы между прочим упомянул, что видел, как ангел летал в комнате. Он сказал, что очень обрадовался, ведь понял, что Господь всегда присматривает за ним. Мы верим, что наш сын действительно видит духовный мир и в буквальном смысле видел ангела, когда ему особенно необходимо было почувствовать Божью заботу.

Когда взрослые отрицают невидимый мир и сверхъестественное измерение Царства Небесного (например, чудеса) или объясняют, почему такое невозможно, дети могут обратиться к оккультизму, так как паранормальные явления апеллируют к сути духовного измерения. Однако оккультизм открывает для детей невидимый демонический мир[13].

Разъясните своему ребенку, что, помимо видимого мира, существует еще и незримый мир. Невидимое духовное царство. Оно состоит из не доступного взору Царства света, где Бога почитают и слушают, и царства тьмы, в котором подчиняются сатане. Эти два царства постоянно конфликтуют друг с другом. Между ними бушует битва, хотя исход ее уже известен. Бог победил! Сатана и его бесы *уже* побеждены через крест Иисуса (см.: Колоссянам 2:15); они усердно трудятся над тем, чтобы обманывать и соблазнять людей творить зло, разрушая свои жизни и жизни окружающих (см.: Откровение 12:9).

Детям необходимо иметь хотя бы базовое представление об этих духовных мирах, чтобы разбираться и с вопросами в физическом мире, и с демоническими атаками на их веру. Также им необходимо знать и понимать, что они — дети Божьи, имеющие удивительную власть и силу, которую можно использовать, чтобы побеждать врага в своей жизни и совершать труд Христа (см.: Ефесянам 1:19-20).

Когда ваши дети переживают победу и сверхъестественную Божью силу, которая работает в них и через них, они больше доверяют и верят Господу. Мы испытали это, когда нашему сыну Самуилу было одиннадцать лет. Он получил травму паха, которую Бог чудесным образом исцелил на детском собрании в доме его друга. Позже в тот вечер сын сказал: «Иногда я задавался вопросом, а правда ли Бог существует? А теперь знаю, что Он точно существует, потому что я пережил Его силу в своем теле. Господь исцелил меня. До этого я не мог нормально поднять ногу, а теперь могу!»

---

[13] Чтобы получить больше информации, см. раздел Д.

Минутка для размышления

Как вы думаете, у вашего ребенка есть сомнения или, возможно, ему трудно доверять Богу?

Какое влияние, события или люди могли поколебать его веру и доверие Ему?

СОЗДАВАТЬ В СЕМЬЕ АТМОСФЕРУ ИСЦЕЛЕНИЯ

Шаги к тому, чтобы принять свою роль и задать тон

Исцеляющий дом — это место, где каждый член семьи чувствует, что его любят, ценят, он может без опаски поделиться своими проблемами, показать свои слабости, рассказать об ошибках. Возможно, понадобится время и усилия, чтобы изменить атмосферу и отношения в вашем доме, однако никогда не поздно начать. Ниже мы приводим десять шагов, которые помогут вам двигаться в верном направлении.

1. Принять христоцентричную культуру

Культура семьи — это совокупность верований и отношений к чему-либо, поведения и прошлого опыта, которые каждый из родителей приносит в семью. Мы — христиане, поэтому культура нашего дома должна подчиняться и преобразовываться с помощью библейских ценностей, наставления и истины. Когда такое происходит, наши жизни соответствуют миссии Христа (см.: Луки 4:18), а наш дом становится местом исцеления, освобождения и трансформации.

2. Позвольте Богу работать в вас

Мы полностью посвятили себя созданию исцеляющего дома, потому что молитвы об исцелении и освобождении перевернули наши собственные жизни. Во 2-м Коринфянам 1:4 сказано, что мы можем утешать других тем утешением, которым Бог утешил нас самих. Другими словами, мы не можем передать детям то, чего сами не получили от Господа. Многим родителям тяжело утешить своих детей, потому что в их сердцах все еще живет боль.

Подумайте:
- Принял ли я Божье утешение в свою жизнь?
- Уверен ли я в любви Господа ко мне? Люблю ли я себя?
- Позволяю ли я себе иметь проблемы и совершать ошибки?

В предыдущем разделе мы предложили честно взглянуть на свою жизнь и позволить Богу показать нам любую сферу, которая все еще нуждается в Его исцеляющем прикосновении или исправлении. Когда Господь работает, возрастает способность эффективно восполнять нужды детей. Приобретая больше уверенности и авторитета, вы сможете различать и противостоять атакам зла в своей жизни и в жизни вашего ребенка.

3. Примите отцовство/материнство

Если вы фокусируетесь на воспитании детей (навыках и процессах, необходимых для их развития), а не на отцовстве (на том, что вы — родитель), то будете чувствовать себя неуверенно. Например, если вы сосредоточены на воспитании детей и видите, что у вашего ребенка возникла проблема, вы постараетесь найти правильное решение или стратегию. Однако если ваша отправная точка — отцовство, вы будете уверены, что решения появятся из ваших отношений с Богом и с вашим ребенком.

Мы можем принять отцовство, потому что такова идея Бога, а не наша. Он — наивысший Небесный Отец. Понимание отцовского сердца Господа является основополагающим как для отношений с Ним, так и для отношений с ребенком. Уникальные отношения «папа/мама — ребенок» зародились в сердце Бога, поэтому ваш ребенок нуждается в отношениях с *вами*. В конце концов, кто еще может знать его совершенно, любить безусловно и самоотверженно прикрывать его спину? Методы и стратегии здесь не помогут.

4. Установите приоритеты и придерживайтесь их

Многими детьми сегодня «жонглируют», чтобы они как-то вписались в жизнь родителей. А сколько еще детей чувствуют себя мячом, который взрослые бросают друг другу, а ребенок при этом пытается понять мир и найти смысл жизни, размышляя, замечает ли его вообще кто-то, кого-нибудь в принципе волнует его боль, раздирающая изнутри? Если вы не направляете и не поддерживаете своего ребенка, скорее всего, он станет искать помощь где угодно или нигде. Если ваш подросток не разговаривает с вами, весьма вероятно, что он не станет разговаривать ни с кем. А это уже состояние глубокого одиночества[14]. Вот слова шестнадцатилетнего подростка из Швейцарии:

> Некоторые мои друзья переживают большие проблемы,
> такие как развод родителей и депрессию, но мы редко

---

[14] Доктор Гордон Ньюфилд пришел к такому заключению, исходя из своего огромного опыта как психолога по развитию. Чтобы узнать больше, прочтите его книгу *Hold onto your kids: Why parents need to matter more than peers.*

делимся чем-то серьезным. Никто из нас не хочет потерять лицо или проявить слабость. Если бы я поступил так, то никогда не смирился бы с этим. Безопаснее просто делать вид, что все хорошо, и постить в Инстаграме фотки из поездок и праздников.

Поэтому регулярно устанавливайте приоритеты и придерживайтесь их. Остерегайтесь того, что отдаляет вас от детей, особенно в критическое время. Это может быть работа, служение, другие люди или вещи. Примите решение, что ваш приоритет — дети, и придерживайтесь его, даже если для этого вам придется поменять работу, церковь или просто отказаться от какого-то проекта или своего хобби, чтобы быть дома.

5. Подарите ребенку достаточно времени

Что бы там ни говорили, но качество и количество времени, проведенного вместе, — не одно и то же. Просто быть рядом может означать гораздо больше, чем вам кажется. При каждой возможности старайтесь больше времени проводить с ребенком и меньше времени заниматься какими-то другими вещами.

Обычно ребенок видит разницу между родителями, которые не могут и не станут уделять ему больше времени. Если на данный момент у вас нет другого выхода и вы полагаетесь на качество проведенного вместе времени, а не на его количество, скажите своему ребенку, что вы хотели бы чаще быть вместе, если бы позволяли обстоятельства. Скажите ему, что вы думаете и молитесь о нем в течение дня.

6. Расставляйте приоритеты в общении

Чтобы время общения с детьми в нашем занятом мире производило должный эффект, необходимы навыки, умения и решимость.

Но хорошее общение — вербальное и невербальное — ключ к формированию исцеляющего дома. Как попытаться уловить, что хочет донести ребенок, если не общаться с ним? Это настолько важный шаг к созиданию исцеляющего дома, что мы включили кое-какие идеи, как улучшить общение, в раздел «Дополнительные материалы».

7. Встретиться с проблемами лицом к лицу

Мы все переживаем боль и трудности. Мы грешим и становимся мишенью для демонических атак. Чем раньше мы поймем это, тем быстрее научимся разбираться с подобными вещами Божьим путем. Когда в доме возрастает культура исцеления и освобождения, начинают всплывать различные ситуации. Для многих людей такой процесс может привнести дискомфорт и страх, но встретиться лицом к лицу с истиной — первый шаг к исцелению и освобождению. Вложите свою руку в руку Божью и доверяйте Ему — Он поможет вам честно и смело разобраться с проблемами.

Разногласия и конфликты также являются частью нашей жизни. Ни в одной семье нет постоянного взаимопонимания по всем вопросам. Однако дети должны знать, что их голос слышат, а их мнение ценят, даже если они не всегда понимают ваше решение или имеют по этому поводу свою точку зрения. Пусть ваше общение происходит в открытой и уважительной манере. Возможно, вам понадобятся время, терпение и крепкие нервы, чтобы обсудить что-то с ребенком и договориться мирным путем, но оно того стоит.

8. Создайте безопасное место

Большинство крупных церквей имеют малые (или домашние) группы, потому что люди теряются в толпе. Семья — это наивысшая форма домашней группы. Вы — лидер в своей семье, и ваша задача — создать безопасное место для своего ребенка, где он сможет процветать и расти духовно.

Безопасное место дает ребенку возможность:
- Слышать, читать и открыто обсуждать Слово Божье.
- Пребывать в покое в присутствии Творца, иметь тихое время с Богом, размышлять и анализировать.
- Делиться тем, что Господь делает в его жизни.
- Говорить о том, как Бог использует его, чтобы помогать другим людям.
- Озвучивать любые трудности или проблемы, которые он, возможно, переживает.
- Молиться друг за друга за исцеление и освобождение.
- Ходатайствовать о других людях за пределами вашей группы.

Основные правила (наши советы):
- Не существует незначительных или особенно глупых ситуаций, если кто-то хочет о них поговорить.
- Когда кто-то говорит, мы внимательно слушаем.
- Мы не выносим за пределы группы услышанное.

9. Встать на путь исцеления и освобождения

Дети могут приходить домой обремененные тем, что они увидели, услышали или пережили. Например, произошла какая-нибудь злобная выходка в школе, ссора с другом, провален экзамен, по дороге домой видели аварию. А может быть, они вообще несчастны и одиноки. Выработайте привычку помогать детям разбираться с подобными ситуациями, когда они делятся с вами, используя молитвы об исцелении и освобождении, изложенные в следующих разделах. Можно делать это неформально, во время перекуса после школы, или специально выделяя время, чтобы поговорить и помолиться на более глубоком уровне.

Объясните ребенку, что Бога интересует каждый день нашей жизни, наши печали и трудности. Поощряйте его сразу же приносить Господу все свои беспокойства. Когда ваш ребенок чувствует, что Бог встречается с ним и прикасается к нему лично в ежедневных ситуациях, его отношения с Творцом будут постепенно укрепляться. Со временем решение проблем с Божьей помощью станет для детей привычным делом.

10. Создавайте атмосферу для исцеления на более глубоком уровне

Считывайте сигналы. Возможно, ваш ребенок сильно страдает на более глубоком уровне. Доверяйте своей интуиции и общему впечатлению. Удостоверьтесь, что ваш ребенок знает: вы волнуетесь о нем, и он может обратиться к вам за помощью. Создайте атмосферу, которая поможет выявить беспокойство, и заверьте, что любите ребенка, что бы с ним ни происходило.

Существуют ситуации, которые требуют времени и молитв. Регулярно уделяйте этому время (запланируйте в своем ежедневнике). Относитесь к встрече со своим ребенком с таким посвящением и ответственностью, как к рабочим встречам. Когда вы определите корень проблемы, используйте молитвы об исцелении и освобождении, чтобы разобраться с ним. Продолжайте поддерживать ребенка таким образом до тех пор, пока он преодолеет эту ситуацию и сможет двигаться дальше.

Минутка для размышления

В какой атмосфере в доме выросли вы?

Каким образом ваш дом уже сегодня является исцеляющим домом?

На каких шагах вам стоит сфокусироваться, чтобы насадить культуру исцеления в своей семье?

СИЛА БОЖЬЕГО СЛОВА

Использовать Библию и Божьи истории для решения проблем

Наши родители любили Слово Божье и основывали свою жизнь на его учении. Будучи детьми, мы видели, как они читают и изучают Писание. Мы говорили о нем дома. Это была живая, активная составляющая нашего детства.

Также мы оба с раннего возраста учили стихи наизусть и заметили, что они всплывали в памяти в нужные моменты! Мы с нетерпением ждали следующего такого момента. Также это подтолкнуло нас к самостоятельному чтению Библии и молитвенной жизни, когда мы повзрослели.

Независимо от того, знаете ли вы Писание достаточно хорошо или же всего на шаг опережаете своего ребенка, не упустите момент — учите и помогайте ему заучивать наизусть стихи из Библии. Так вы заложите невероятно богатое основание для его жизни!

Божье Слово способно исцелять и освобождать

Что такого особенного в Библии? Разве нельзя прочитать любую другую книгу с историями? В отличие от остальных литературных жанров, Слово Божье является богодухновенной книгой и содержит вечные истины, которые обращены и служат личным нуждам читателей в любой культуре (см.: 2-е Тимофею 3:16).

Библия совсем не скучная или устаревшая книга; наоборот, она интересная и актуальная для детей. Нашему старшему сыну было пятнадцать, когда он выразил это следующим образом: «Библия удивительная! В каждой истории всегда открывается что-то новое — даже в той, которую я уже читал много раз. Никакая другая книга не похожа на нее. Так круто!»

Нельзя недооценивать силу Слова Божьего и его способность прикасаться к сердцам детей. Детям нужно слышать и уделять время Писанию, чтобы оно работало в их сердцах. Это важная часть подготовки детей к исцелению и освобождению.

Библия является Словом, которое

> *…живо и действенно и острее всякого меча обоюдоострого: оно проникает до разделения души и духа, составов и мозгов… (Евреям 4:12).*

Бог обещает, что оно будет влиять на нас:

> *…так и слово Мое, которое исходит из уст Моих, — оно не возвращается ко Мне тщетным, но исполняет то, что Мне угодно, и совершает то, для чего Я послал его (Исаии 55:11).*

Библейские истории

Мужчины и женщины в Библии во многом похожи на нас! Возможно, они носили иную одежду и говорили на другом языке, но они боролись с такими же проблемами — их ранили, они грешили и подвергались демоническим атакам. Они были одинокими, напуганными, бунтовали и сражались с негативными реакциями, такими как зависть и ненависть. Одни победили перечисленные проблемы и являются для нас примерами; другие — нет. Вторая категория людей служит нам предупреждением. Большинство детей любят рассказы, поэтому библейские истории — замечательный способ помочь им разобраться с подобными проблемами в их жизни.

Существует много интересных и креативных способов помочь вашему ребенку узнать и полюбить Слово Божье. Кроме огромного количества иллюстрированных Библий для разного возраста, есть приложения, планы чтения, мультфильмы и фильмы, основанные на историях из Писания. А еще хорошо вместе рисовать, моделировать и фотографировать ваши любимые библейские истории! Ниже приведена таблица с примерами историй из Божьего Слова, на которых можно сфокусироваться в определенных ситуациях.

Библейские истории о распространенных проблемах

История	Место Писания	Проблема	Истина
Давид и Голиаф	1-я Царств 17:1-52	Страх	Бог помогает нам победить великанов страха в нашей жизни.
Давид и Мемфивосфей	2-я Царств 9:1-12	Отвержение	Бог любит и принимает нас. Мы можем быть с Ним всегда.
Закхей	Луки 19:1-10	Возмещение убытков	Бог прощает нас и помогает упорядочить все.

История	Место Писания	Проблема	Истина
Руфь	Руфь 1-4	Утрата исторических корней, смерть близкого человека	Мы можем принадлежать к людям Божьим. С помощью свыше мы можем быть снова счастливы.
Гедеон	Судей 6-7 (особенно 6:12, 15-16)	Неполноценность, господство, сила негативных слов	Бог видит нас. Мы — сильные воины.
Иосиф	Бытие 37; 39-47:12	Проблемы в семье, прошлое, травмы	На нашей жизни Божья рука. Он с нами, поэтому все будет содействовать нам ко благу.
Саул	1-я Царств 13:1-15, 15:1-34	Бунт	Бог хочет, чтобы мы слушались Его в своих сердцах и поступках.
Есфирь	Есфирь 1-10	Судьба, страх	У Бога есть цель для нашей жизни. Он дает нам смелость в каждой ситуации.
Иисус Христос	Иоанна 19	Надругательства, несправедливое обращение, ложное обвинение, предательство	Иисуса оскорбляли и несправедливо поступили с Ним. Он страдал и понимает нашу боль. Христос взял ее на Себя на кресте, чтобы мы получили освобождение и исцеление.

История	Место Писания	Проблема	Истина
Непрощающий слуга	Матфея 18:23-35	Прощение	Мы прощаем других так же, как Бог простил нас.
Петр	Иоанна 18:15-18, 25-27; 21:15-19	Отступничество, стыд	Когда мы терпим поражение, то можем прийти к Иисусу. Он забирает нашу вину и стыд. Он использует нас, чтобы помочь другим людям.

Божьи истории

Когда Господь делает что-то в вашей жизни, поделитесь происходящим с другими членами семьи. Это может быть что угодно, начиная с находки потерянных ключей после молитвы и заканчивая тем, что у вас после молитвы прошла головная боль, а также подтвержденными чудесами, которые вы слышали от других христиан. Заведите привычку делиться такими историями друг с другом перед сном или за обедом/ужином. Поступая так, вы созидаете в доме атмосферу веры и ожидание того, что Бог Библии может и хочет совершать чудеса в вашей жизни и в жизни окружающих вас людей!

Художественная литература и биографии

И взрослым и детям нравится читать или рассказывать истории. Почему бы не использовать рассказы, подходящие к ситуации вашего ребенка, как трамплин к началу разговора, и помолиться с ним о происходящем.

Дети постарше любят реальные истории, способные расширить их географические и исторические горизонты. Вот три примера хорошо известных историй.

Будучи ребенком, **Эми Кармайкл** (1867—1951) ненавидела свои карие глаза и просила Бога сделать их голубыми. Девушка разочаровалась, когда не получила ответа на свои молитвы! Позже, будучи миссионером в Индии, она поняла, что карие глаза помогли ей смешаться с местными жителями. Бог создал ее совершенной, согласно тому плану, который Он имел для нее.

Когда обнаружилось, что семья **Корри тен Боом** (1892—1983) прятала евреев во время Второй мировой войны, женщину отправили в концлагерь. Она пережила неописуемую жестокость, а ее сестра Бетси умерла. Спустя много лет Корри неожиданно столкнулась лицом к лицу с одним из своих мучителей и смогла простить его.

Эрик Лидделл (1902—1945) принимал участие в Олимпийских играх в Париже. Однако оказалось, что забег, в котором он показывал наилучший результат — спринтерский бег на сто метров, — назначили на воскресенье. Эрик отказался бежать в день, посвященный Господу, в результате чего испытал сильное давление и насмешки. Он твердо придерживался своих убеждений, поменял сто метров на четыреста и, к всеобщему удивлению, выиграл золотую медаль!

Минутка для размышления

Насколько хорошо вы знаете Слово Божье? Выделяете ли вы время, чтобы читать и изучать его каждый день?

Какая библейская история могла бы помочь вашему ребенку преодолеть проблему, с которой он борется?

Существует ли какая-то биографическая или Божья история, которая также могла бы помочь ему в данной области?

Инструменты
для эмоционального
исцеления

ИНСТРУМЕНТЫ ДЛЯ ЭМОЦИОНАЛЬНОГО ИСЦЕЛЕНИЯ

ДАТЬ ДЕТЯМ ВОЗМОЖНОСТЬ СПРАВИТЬСЯ С ОБИДАМИ

Разбираясь с обидами и ранами сейчас, мы избегаем проблем в будущем

Независимо от того, насколько тщательно вы пытаетесь защитить своего ребенка, его все равно будут ранить. В какой-то момент. Кто-то или что-то. Даже самый посвященный родитель не может находиться рядом с ребенком постоянно. И хотя не всегда можно защищать свое чадо от боли и обиды, взять на себя его боль и страдать вместо него, хорошая новость заключается в том, что вы можете предпринять кое-что. Вы можете научить детей эффективно справляться с болью — большой и маленькой, — соединяя их с Тем, Кто силен совершить это. Его имя — Иисус Христос, Спаситель мира!

Библия говорит, что Иисус взял на Себя наши немощи и болезни и ранами Его мы исцелены (см.: Исаии 53:4-5). Бог знал, что вы не сможете принять каждую пулю, направленную в вашего ребенка, или страдать вместо него, поэтому сделал это для вас. Вися на кресте, Христос забрал всякую боль и печаль, с которыми когда-либо столкнется ваш ребенок. Смерть и воскресение Сына Божьего означают, что детям не нужно жить с болью и обидой или испытывать их последствия до конца своих дней. На кресте мир, покой, утешение и полнота способны заменить боль.

Исцеляйте эмоциональные раны и избегайте заражения

Обиды и боль подобны ранам, требующим лечения соответствующим образом. Даже самый незначительный порез может вызвать осложнения, если внутрь попадет инфекция. Вот почему мы дезинфицируем раны и наблюдаем за порезами и царапинами у детей.

Точно так же эмоциональные раны для скорейшего заживления требуют духовного очищения и перевязок. Если их оставить необработанными и не лечить, они могут духовно инфицироваться, например, разрушительными реакциям, такими как непрощение, горечь и отвержение. Если их взращивать, подобные эмоции порождают нездоровые мысли и демонические твердыни, которые, в свою очередь, служат горючим для неправильного выбора и разрушающего поведения.

Пример того, как разбираться с ежедневными обидами и болью

Однажды семилетний Ной пришел из школы домой. Он выглядел притихшим и немного печальным. Мама дала ему чай. Она понимала, что с ним не все в порядке, поэтому спросила, как прошел день и как поживает его лучший друг Джо. Женщина с удивлением узнала, что теперь Ной ненавидел мальчика.

«Почему ты ненавидишь его?» — спросила она. «Он смеялся надо мной. Он говорит, что у меня большие ноги и большие уши. Остальные тоже так думают». — «Откуда ты знаешь, что остальные тоже так думают? — поинтересовалась мама. «Потому что остальные тоже смеялись надо мной».

Ной заплакал. Мама обняла его и стала утешать. Когда мальчик упокоился, мама посмотрела ему в глаза и сказала: «А знаешь, неважно, что кто-то думает о твоих ногах, ушах или еще о чем-то. Ты мне нравишься таким. Я люблю тебя! И знаешь что? Бог тебя тоже любит! Все дети разные: одни высокие, другие низкие, одни умеют быстро бегать, другие — нет; кому-то легко дается математика, кому-то — нет. У каждого есть что-то, над чем другие могут смеяться, если им хочется. Люди могут быть недобрыми — даже наши лучшие друзья. Когда такое происходит, это ужасно и причиняет нам боль. Однако Бог знает, каково это, когда люди злятся на нас. Потому что Иисусу тоже говорили отвратительные вещи. Даже Его лучшие друзья убежали от Него! А теперь давай поговорим с Ним о том, что Джо и другие дети сказали тебе»[15].

Обратите внимание, мама Ноя не умаляла его чувств, не говорила ему выбросить случившееся из головы. Также она не сказала ему ожесточиться против них и, конечно же, не проигнорировала возникшую проблему. Точно так же, как женщина тщательно промыла бы и продезинфицировала поцарапанное колено мальчика, мама Ноя знала: поверхность эмоциональной раны нужно быстро обработать. Поэтому она нашла время поговорить с сыном и предложила помолиться о его дне.

Разбираясь с болью сейчас — даже незначительной, — мы сможем избежать проблем в будущем. В случае с Ноем они могли принять одну из следующих форм:

---

[15] Продолжение примера вы найдете в конце следующей главы.

- Отвержение себя: «Все меня ненавидят. Должно быть, со мной действительно что-то не так. Я ненавижу себя!»
- Агрессию: «Если все меня ненавидят, тогда я буду вести себя так, что у них появится причина для ненависти».
- Отстранение: «Если даже мой лучший друг смеется надо мной, тогда лучше вовсе не иметь друзей. Кому вообще нужны друзья?!»

Это на самом деле так просто?

Неужели разобраться с болью и обидой настолько просто? Вот так взять и поговорить с ребенком о болезненной ситуации во время перекуса после школы и пригласить его принести свою боль в молитве к Иисусу? Из нашего опыта можем сказать «да»! Но если боль уходит глубже, или ребенок старше по возрасту, или уже духовно инфицирован, возможно, для исцеления понадобится комбинация молитв об исцелении и освобождении как часть процесса исцеления, требующего определенного периода времени.

Что бы ни потребовалось, помните: помогая ребенку справиться с болью и обидой, вы *закаляете его характер*, что поможет ему избежать боли и разочарований, которые могут вызвать в будущем духовно инфицированные эмоциональные раны.

Минутка для размышления

Знакома ли вам мысль о том, что эмоциональные раны нужно лечить, чтобы избежать духовного заражения?

Поблагодарите Иисуса за то, что Он забрал боль и обиды вашего ребенка на крест и что ранами Его он исцелен (см.: Исаии 53:4-5).

КАК НАУЧИТЬСЯ ПРОЩАТЬ
И РАЗБИРАТЬСЯ С БОЛЬЮ

Молитвы об избавлении от боли/обиды

Многие душевные раны ребенка можно исцелить с помощью трех простых шагов. Молитвы об избавлении от боли действуют, ведь они укоренены в вечной истине. Вы можете просто молиться тремя молитвами, которые приведены ниже, и верить, что Господь услышит вас и прикоснется к вашему ребенку. Здесь мы детальнее рассмотрим каждый шаг, что поможет вам уверенно вести своего ребенка в этих молитвах, даже когда он взрослеет и задает более трудные вопросы.

Используя приведенные ниже молитвы, полагайтесь на водительство Святого Духа. Он с вами и будет работать через вас, чтобы исцелить вашего ребенка. Не забывайте немного менять слова, приспосабливая их к возрасту ребенка и сложившимся обстоятельствам.

МОЛИТВЫ ОБ ИЗБАВЛЕНИИ ОТ БОЛИ/ОБИДЫ

1. Расскажи Иисусу, что тебя ранит или почему ты грустишь.
2. Попроси Иисуса исцелить твою боль и облегчить твое состояние (во время молитвы положи руку на сердце).
3. Прости человека, ранившего тебя. (Сожми кулак. Затем разожми и скажи: «Я прощаю тебя».)

Ты можешь сказать...

1. **«Понимаешь, Иисус,** мне больно, потому что...»
2. **«Господь Иисус, пожалуйста,** исцели мое сердце».
3. **«Я прощаю...** за то, что они сделали/сказали мне».

«Иисус, спасибо, что исцеляешь мою боль!»

Шаг 1. Расскажи Иисусу, что ранит тебя или почему ты грустишь.

Очень важно позволять детям озвучивать истинные переживания, когда им больно. Вы можете сказать им, что царь Давид, самый знаменитый в истории автор песен, всегда рассказывал Богу о своих чувствах, когда ему было больно, обидно или же он был расстроен[16]. Он изливал Господу душу и просил помочь, утешить, защитить, а затем благодарил Его за благость.

Перед Давидом был другой человек — Саул, он тоже пел песни и выполнял обязанности царя, однако его не интересовали близкие отношения с Богом, он не стремился стать Его другом. Саула интересовали власть и любовь людей. Поэтому он не часто разговаривал с Господом сам, а просил об этом других, например пророков, разговаривать с Творцом о нем.

---

[16] В Библии, в Книге Псалмов, можно прочесть слова многих песен Давида.

Когда Саул понял, что людям больше нравится Давид, он почувствовал себя очень плохо, но не рассказывал Богу, что ему больно и завидно, не просил о помощи. Он держал все в себе и с каждым днем злился все больше и больше. Гнев Саула накалился до такой степени, что он уже не мог здраво рассуждать и даже пытался убить Давида.

Шаг 2. Попроси Иисуса исцелить твою боль и облегчить твое состояние.

Объясните ребенку, что Иисуса тоже ранили и обижали. Его отвергали, на Него смотрели свысока, над Ним смеялись. Это печалило Христа и причиняло боль. Когда Его избивали и затем убили на кресте, Он пережил физическую боль. Библия говорит, что благодаря этому Иисус может исцелить нас:

Он был презрен и умален пред людьми… Но Он взял на Себя наши немощи и понес наши болезни… и ранами Его мы исцелились (Исаии 53:3-5).

Некоторым детям может помочь представление, как они сидят на коленях у Иисуса или стоят рядом с Ним и говорят: «Господь Иисус Христос, Тебя ранили другие люди. Ты понес мою боль на кресте. Сейчас я отдаю Тебе свою боль. Пожалуйста, исцели ее».

Иногда дети действительно испытывают физическую боль в сердце, когда молятся. Так выходит эмоциональная боль. Они могут положить руку на то место, где чувствуют ее, и сказать: «Господь Иисус, пожалуйста, забери мою боль». Будьте внимательны и не торопите детей, дайте время Иисусу исцелить их.

Шаг 3. Прости человека, ранившего тебя.

Из своего опыта мы заметили, что маленькие дети прощают быстро и охотно, а у детей постарше с этим возникают проблемы. В таком случае вы можете помолиться Господней молитвой:

«И прости нам наши грехи, как мы простили тех, кто причинил нам зло» (Матфея 6:12, НРП). Объясните, что прощение освобождает нас от желания отомстить, ведь месть никогда не приносит ничего хорошего.

В Евангелии от Матфея 18:21-35 прочтите вместе притчу о слуге, который не захотел простить. Царь представляет собой Бога. Непрощающий слуга — образ человека, не прощающего других. Ожидайте, что Бог проговорит к вашему ребенку, когда вы размышляете о колоссальной сумме долга, которую царь простил своему слуге, и незначительном долге, который товарищ остался должен этому рабу. Вы также можете задать ребенку вопрос, что значит тюрьма.

Всякое непрощение отделяет нас от Бога. Когда мы отказываемся прощать, то помещаем себя в тюрьму, созданную своими руками. Там нас мучают негативные эмоции, беспокойство и демонические силы. Если мы хотим получить освобождение, нам нужна Божья милость. Очевидно, что мы никогда не сможем оплатить долг своими силами. Прощение — это единственный способ положить конец нашему тюремному заключению.

Помните: понимание проблемы — важная часть прощения. Не подталкивайте ребенка к фразе «*я прощаю*». Некоторым детям нужна помощь в осознании того, что с ними поступили неправильно. Также, возможно, им необходимо понять, как много Бог простил им[17].

Помните: Иисус велел прощать семьдесят раз по семь (см.: Матфея 18:22). Может быть, Он сказал так, потому что люди часто ранят нас или потому, что даже когда мы утверждаем, что простили, негативные мысли и чувства по отношению к кому-то возвращаются снова.

---

[17] Более детально мы рассмотрим, что такое грех и непрощение, в разделе Г.

И последнее. Иногда дети спрашивают, нужно ли им пойти и сказать кому-то, что они их простили. В определенных случаях поговорить с обидчиком о болезненной ситуации и сказать, что простил его, может быть полезно. Например, если друзья подрались в школе. Однако нередко обстоятельства складываются так, что поговорить с человеком об этом либо нет возможности, либо это не совсем мудро. Ребенок может быть слишком ранимый, чтобы справиться с реакцией другого человека, и если он скажет в лицо обидчику о своем решении, такие действия могут неправильно понять, и ситуация только усугубится. Это особенно актуально, когда ребенка ранил или обидел один из родителей. Или когда дети пережили насилие. Ваш приоритет — безопасность и исцеление ребенка; не стоит дальше причинять ему боль.

Практический способ отпустить боль/обиду

Используйте простые шаги, описанные ниже, чтобы помочь ребенку простить. Найдите тяжелый камень и дайте ему подержать его в кулаке.

Взрослый говорит: «Чувствуешь, какой тяжелый камень? Представь, что тебе придется носить его целый день. Твои руки будут заняты, и у тебя не получится взять никакую игрушку, а это так грустно! Таить обиду — то же самое, что держать камень. Твое сердце будет занято, поэтому ты не сможешь получить Божье прощение и другие хорошие вещи, которые Он хочет дать нам. А что, если ты выпустишь из руки этот камень? Когда бросишь его, скажи: "Я прощаю..." (назовите имя человека, обидевшего ребенка)».

Ребенок молится: «Я прощаю... (имя человека) за то, что он сделал мне (озвучивает поступок)».

Помогите ребенку безопасно избавиться от камня.

Ной (семь лет) молится об избавлении от боли

Мы встречались с Ноем в предыдущей главе. Его мама заметила, что с ним что-то не так, и поговорила с мальчиком об этом за чашкой чая. Он поделился с ней своей болью: лучший друг Джо и другие дети в школе смеялись над ним и утверждали, что у него большие уши и ноги. Мы остановились на том, когда мама с сыном собрались молиться. Ниже приведен пример, как может выглядеть их молитва в этой ситуации; как можно использовать молитву об избавлении от боли, чтобы помочь Ною отдать свою боль Иисусу и простить Джо, а также других детей, если мальчик хочет этого.

Мама: «Ты хочешь рассказать Иисусу, что произошло в школе сегодня и как ты себя чувствуешь из-за этого?»

Ной: «Иисус, я чувствую себя скверно, меня все ненавидят. Сегодня в школе все относились ко мне ужасно. Даже Джо. А мне казалось, что он мой лучший друг...»

Мама: «Ты можешь отдать эту боль Иисусу? Ты можешь положить руку на сердце, попросить Христа исцелить и забрать эту боль?»

Ной: «Господь Иисус, пожалуйста, исцели эту боль и забери ее».

Мама: «Ты можешь простить Джо и других детей за то, что они ужасно вели себя по отношению к тебе и смеялись над тобой?»

Ной: «Да, могу. Я прощаю Джо и других детей за то, что они ужасно отнеслись ко мне и смеялись надо мной».

Мама: «Как ты себя чувствуешь сейчас?»

РАЗРУШАТЬ СИЛУ НЕГАТИВНОЙ РЕАКЦИИ

Раненые дети ранят других детей

Мы наблюдали, как дети приносят свою боль к Иисусу, используя молитвы об избавлении от боли. Хотя в реальности — это только первый шаг в эффективном исцелении боли. Следующий шаг — разобраться с нашими реакциями на то, что нам сказали или как с нами поступили, потому что очень часто наше отношение к ситуации может ранить нас самих и других людей. Например, мы можем сказать злые, язвительные слова, или начать игнорировать, или ненавидеть кого-то, кого мы считали своим другом, или принять сказанное и решить, что мы глупые, недостойные, нас невозможно любить, поэтому к нам так отнеслись или с нами так поступили.

Можно принять или даже каким-то образом на человеческом уровне оправдать такую реакцию детей, однако если они станут держаться за нее, то это повлечет за собой еще бóльшие проблемы. В то же время разбор реакций на ситуацию или обидчиков равносилен дезинфицированию раны. Он убивает любую инфекцию и помогает ране нормально заживать.

Том (восемь лет)

Когда мама Тома пришла к нам, она находилась в смятении. Ее восьмилетний сын стал агрессивным в школе и начал проявлять гнев дома. Полулежа под журнальным столиком, Том стал рассказывать о том, как он зол на лучшего друга, который ополчился против него.

Он хотел заставить его страдать!

Мы объяснили Тому, что Иисус понимает его чувства, ведь Христа тоже оставили близкие друзья, Его ученики. Но Сын Божий велел нам прощать своих врагов и тех, кто поступил с нами неправильно. Мы также объяснили мальчику, что гнев подпитывал его агрессию. Именно он — а не его друг — будет иметь из-за этого проблемы в школе! Поэтому мудро последовать наставлениям Иисуса, простить обидчика, попросить прощения за свой гнев и забыть о сложившейся ситуации.

Том решил поступить так и отдать свою обиду, а также гнев Иисусу. Он попросил Бога простить его за то, что своим агрессивным поведением как реакцией на боль и обиду обижал других, включая маму.

Брать на себя ответственность за свою реакцию

Многие люди никогда не выходят за пределы того, как с ними поступили. Они застряли в мышлении жертвы, что может невольно подталкивать других, например их детей, к такому же отношению. Это никому не принесет пользы. Если мы хотим полностью разобраться с болью и двигаться дальше, нам необходимо встретиться лицом к лицу со своими реакциями и разобраться с ними Божьим способом.

Многие негативные реакции, которые ранят других людей, перечислены в Библии и названы «дела плоти». Богу они не нравятся, потому что идут вразрез с Его характером и являются греховными (см.: Галатам 5:19). Такие поступки отравляют нашу жизнь и дают место дьяволу. Господь ждет, что мы возьмем на себя ответственность за нашу реакцию и дальнейшие действия и разберемся с этим следующим образом:

Всякое раздражение и ярость, и гнев, и крик, и злоречие со всякою злобою да будут удалены от вас; но будьте друг ко другу добры, сострадательны, прощайте друг друга, как и Бог во Христе простил вас (Ефесянам 4:31-32).

Гневаясь, не согрешайте: солнце да не зайдет во гневе вашем; и не давайте места диаволу (Ефесянам 4:26-27).

Избегайте цепной реакции

Негативная реакция может повлечь за собой целую цепочку других подобных реакций. Но если мы разбираемся со своей реакцией, очень часто этого можно избежать. Порассуждайте над следующими примерами.

Представьте, что пятнадцатилетняя Ванесса сидит одна в комнате. Она не может поверить, что все закончилось. Ее бросил парень... Он написал эсемеску... и даже не удосужился сказать ей об этом лично!.. Она не может поверить в такое унижение, не говоря уже о глубине боли. Очень больно. Ванесса по-настоящему любила этого парня! Он был для нее единственным, а теперь она ему не нужна!

Через несколько дней девушка все чаще думает о том, что проблема в ней — с ней что-то не так. Она приходит к выводу: «Я толстая и уродливая. Если бы я была стройная, как Джессика, тогда Этан хотел бы быть со мной». Ванесса перестает есть и начинает бегать по утрам. Она понемногу худеет, и ее самооценка понемногу повышается. Но девушка не довольна, она хочет быть еще стройнее! Так как идентичность и самооценка Ванессы тесно связаны с внешним видом, ей невероятно трудно принять и полюбить себя, а также правильно питаться.

А если бы вместо того, чтобы скатиться вниз по спирали боли и ненависти к себе, Ванессе рассказали, как отдать чувство отвержения и неприятия себя Господу и получить утешение? Если бы она попросила Бога простить ее за то, что начала отвергать себя и свое тело? Она услышала бы, как Господь шепчет ей слова любви через места Писания, например: *«Славлю Тебя, потому что я дивно устроен…»* (Псалом 138:14). Она поняла бы, что поступок Этана никак не связан с ее истинной ценностью. Очень важно разобраться с такой ситуацией. Возможно, это не вернет парня, однако поможет девушке исцелиться и развить здоровую самооценку, основанную на Божьей любви, а не на том, как к ней относятся люди, что является главным залогом для счастливого брака в будущем.

Когда реакции подавляются

У подростка из Аргентины сильно болела спина и были необъяснимые боли в теле. Однажды он описал Дэниелу, как отец наказывал его в детстве, поливая кипятком. Описывая случившийся инцидент, он не испытывал никаких эмоций, лишь заметил, что, должно быть, он и вправду сделал что-то не так и заслужил наказание. Потребовалось много времени, чтобы Эстебан понял: как бы он ни поступил — он или любой другой ребенок, — ничто не оправдывает такое наказание! Когда парень наконец осознал это, то захотел разобраться не только с самой травмой, но также и со своей реакцией на ненависть к отцу, которая была подавлена. Поступив так, он освободился от болей в теле! История Эстебана — пример того, насколько разные способы находят дети, чтобы справиться с болью и обидой. Иногда, чтобы исцелить раны и разобраться с подавленными реакциями, потребуется время на избавление от подобных стратегий. Возможно, у вас выработался определенный план действий, как справиться с болью, в зависимости от вашего воспитания. Дети могли перенять вашу линию поведения или выработать свою.

Распространенные стратегии выживания включают в себя:

- **Драку:** я получу свое назад. Они за все заплатят.
- **Защиту:** больше никто и никогда ко мне не приблизится и не причинит мне такую боль.
- **Отрицание:** на самом деле все не так уж плохо, я в порядке. Другие люди больше страдают.
- **Игнорирование:** не хочу об этом говорить. Это неважно. Идем дальше.
- **Захоронение:** я разберусь с этим позже.
- **Определение причины:** он не мог мне помочь, так как не знал ничего лучшего. Он был болен.
- **Оправдание:** я не могу реагировать иначе. Я здесь жертва!

Перечисленные выше варианты поведения мешают эффективному эмоциональному исцелению, необходимому для преодоления боли и процветания.

Минутка для размышления

Какая из перечисленных стратегий напоминает вам то, как вы или ваш ребенок справляетесь с болью или обидой?

Как слова из Писания о «делах плоти» помогают разрушить силу негативных реакций в вашей жизни?

НАУЧИТЬСЯ РЕАГИРОВАТЬ ЛУЧШЕ

Молитвы о реакции

Мы увидели, насколько важно научить детей разбираться не только с болью и обидой, но и со своей негативной реакцией, которую эта боль (обида) порождает в их жизни. Такие реакции могут принимать форму чувств, мыслей, слов или поступков, в результате которых раненые дети способны ранить других. Помогите своему ребенку разрушить силу негативных реакций в его жизни, используя простые для запоминания шаги.

Опять же, вы можете просто использовать шаги, перечисленные ниже, и дальше, в процессе прохождения главы, получить больше представления и уверенности, как это делать.

МОЛИТВЫ О РЕАКЦИИ

1. Расскажи Иисусу о своих чувствах из-за случившегося. Поделись с Ним, если ты сделал или сказал что-то неправильное из-за причиненной тебе боли.

2. Попроси у Христа прощения за то, что держался за эти чувства. Извинись за то, что сказал или сделал что-то неправильное.

3. Попроси Иисуса забрать негативные эмоции, связанные с болью или обидой.

Ты можешь сказать...

1. «**Иисус, я чувствую...** внутри, потому что я сделал/сказал... из-за причиненной мне боли».

2. «**Пожалуйста, прости меня,** Иисус, за то, что держался за эти чувства и за то, что делал или говорил неправильные вещи».

3. «**Прошу Тебя,** забери это чувство...»

«Спасибо Тебе, Иисус, за то, что простил меня и забрал это чувство!»

Шаг 1. Расскажи Иисусу о своих чувствах из-за случившегося. Поделись с Ним, если ты сделал или сказал что-то неправильное из-за причиненной тебе боли.

Научить ребенка честно выражать свою реакцию на боль важно и на самом деле необходимо. В Псалме 61:9 сказано: *«Народ! Надейтесь на Него во всякое время; изливайте пред Ним сердце ваше: Бог нам прибежище».* Говорить Господу о своих негативных реакциях — не значит оправдывать их или жить в своей обиде, что может привести к менталитету жертвы. С доверием приходя к Богу и рассказывая Ему о своих переживаниях, мы открываемся для того, чтобы получить от Него помощь и разобраться с трудными и захлестывающими реакциями на боль и обиду. Какие-то реакции могут оказаться настолько сильными, что если Господь не поможет нам справиться с ними, то мы можем в итоге причинить вред себе и другим людям.

Для начала необходимо отсортировать факты: что именно произошло, кто что кому сказал или сделал, какие реакции полезные, а какие нет. Это подготавливает ребенка к следующему шагу. Помня об этом, мы кратко обсудим три основные реакции на боль/обиду: отвержение, гнев/злость и страх.

Отвержение

Один из самых распространенных видов боли, который могут испытывать люди любого возраста, это отвержение. Находясь в ужасном состоянии, мы продолжаем хранить эти чувства и время от времени подпитываем их; любой из нас может пройти по одному из двух деструктивных путей (выраженных в мыслях или поступках)[18]:

Внешнее разрушение: *отвержение* → *бунт* → *негодование* → *горечь* → *гнев* → *ярость* → *насилие* → *убийство*.

Внутреннее разрушение: *отвержение* → *саможаление* → *уход в себя* → *депрессия* → *безнадежность* → *самоубийство*.

Мы можем реагировать на отвержение комбинацией бунта и саможаления. Однако гораздо лучше научиться с раннего возраста приносить эти реакции Иисусу, получать утешение от Него, просить у Христа прощения, когда мы из-за своих чувств раним других людей, и просить Его забрать такие эмоции. Благодаря этому мы не сможем скатиться вниз по спирали разрушения и изменить направление.

Гнев/Злость

Гнев является распространенной реакцией на боль/обиду и заслуживает особого рассмотрения. Кто-то полагает, что христиане

---

18 A. and E. Taylor, *Ministering Below the Surface* Section 4 Key Teachings, Rejection, First Edition, p. 118.

никогда не злятся. Они сметают все чувства злости «под ковер» и мирятся с любой несправедливостью. Они учат своих детей «подставлять другую щеку» в ситуациях, где им на самом деле нужна была бы помощь, чтобы защитить себя. Другие позволяют себе гневаться и ранить окружающих, заявляя, что они имеют право злиться или им просто нужно выпустить пар.

Но Библия говорит: *«Гневаясь, не согрешайте...»* (Ефесянам 4:26). Что имеется в виду, когда речь заходит о том, чтобы помочь детям разобраться с гневом как объяснимой реакцией на боль? На минутку представьте подростка в маленьком бедном аргентинском городке. Мальчика без всякой причины избивает пьяный отец, как только тот появляется дома. Вероятно, у него много (оправданного) гнева по отношению к родителю. Однако подростку необходимо не просто сказать, что отцу следует раскаяться в этом, но и помочь родителю отдать злость и гнев Богу. Если продолжать испытывать подобное, это может подтолкнуть мальчика к следующим грехам: он поклянется отомстить отцу (см.: Римлянам 12:19), будет осуждать его (см.: Матфея 7:1), будет испытывать чувство горечи (см.: Евреям 12:15). Если парень уже пошел по такому пути, тогда ему необходимо попросить у Бога прощения за возникшую реакцию, а не за гнев или злость, которые он испытывает, потому что его бьют без причины.

Шаг 2. Попроси у Христа прощения за то, что держался за эти чувства. Извинись за то, что сказал или сделал что-то неправильное.

Мы увидели, что раненые дети ранят других детей, в результате чего жертва часто становится преступником. С этим следует разбираться в молитве. Просто сказать «извини» за то, что мы сделали, сказали, почувствовали, подумали из-за причиненной нам боли, и попросить Господа простить нас. Признавая свои негативные реакции и раскаиваясь перед Богом, мы приходим в соответствие Христу и выбираем следовать Его примеру. Иисуса ложно обвинили, избивали и убили, но Он ответил прощением, любовью к Своим врагам. Уча детей признавать свое участие в реакции на боль и обиду, мы никоим образом не умаляем их боль и не оправдываем то, как с ними поступили. Это также не значит, что нам не нужно учить детей отстаивать свое мнение или постоять за себя на детской площадке. Особенно мальчики должны знать, что так поступать нормально. Это действительно защищает сердце ребенка от горьких корней, от развития менталитета подрывающей силы жертвы и позволяет Богу полностью исцелить его раны, чтобы он мог двигаться дальше.

Помните: ребенку важно знать, что когда он попросил у Бога прощения, то Господь действительно простил. Такое обещание записано в 1-м Иоанна 1:9:

Если исповедуем грехи наши, то Он, будучи верен и праведен, простит нам грехи наши и очистит нас от всякой неправды.

Более детально мы рассмотрим тему прощения грехов в разделе Г.

Шаг 3. Попроси Иисуса забрать негативные эмоции, связанные с болью или обидой.

Дети могут представить Иисуса рядом и отдать Ему эти чувства. Кто-то может представить тяжелый рюкзак на спине, наполненный плохими и удручающими чувствами. Вместе с Иисусом ребенок разгружает его у креста. Когда чувства ушли, поблагодарите Христа и помолитесь, чтобы Бог благословил вашего обидчика.

Если ребенок ранил другого человека, помогите ему подумать, как можно помириться. Часто после такой молитвы дети тотчас звонят друзьям и просят прощения за то, что участвовали в ссоре или в драке. Каждый раз мы наблюдали, какое облегчение испытывали дети, когда в конце концов все получалось уладить.

Анна (восемь лет) молится о реакции

У Анны выдался плохой день. Она подралась с соседкой Сиеной, и они обзывали друг друга плохими словами. Папа заметил, что девочка сердится. Тогда она рассказала, что произошло. Когда отец выслушал дочку и они в общих чертах обсудили случившееся, он поинтересовался, хочет ли Анна поговорить об этом с Иисусом. Девочка сказала «да», и они помолились об избавлении от боли. Ниже приведен пример, как может выглядеть разговор, после которого папа помог Анне разобраться с ее реакцией на ситуацию, используя молитвы о реакции.

Папа: «Ты хочешь рассказать Иисусу, что чувствуешь к Сиене?»

Анна: «Да, хочу. Иисус, я чувствую себя плохо, потому что Сиена назвала меня тупой. Я ее ненавижу, поэтому и обозвала ее ужасными словами!»

Папа: «Слова Сиены звучат неприятно. Тебя это обидело! Но ты тоже сказала несколько нехороших слов. Почему бы тебе не извиниться перед Иисусом за свои слова и за ненависть к Сиене? Он хочет простить тебя за твое участие в этой ссоре».

Анна: «Хорошо. Господь Иисус, пожалуйста, прости меня за то, что назвала Сиену жирной коровой. Извини, что ненавижу ее».

Папа: «В Первом послании Иоанна 1:9 Библия говорит, что Бог прощает нас, когда мы просим Его!»

Анна: «Я знаю и помню это. Папа, теперь мне лучше, но я все еще немного ненавижу Сиену».

Папа: «Ты можешь попросить Иисуса забрать эту ненависть?»

Анна: «Хорошо. Господь Иисус, пожалуйста, забери эту ненависть. Я хочу снова дружить с Сиеной».

Папа: «Как ты себя чувствуешь сейчас?»

Анна: «У меня больше нет ненависти к Сиене! Спасибо Тебе, Иисус, за то, что забрал это чувство! Думаю, я позвоню ей и попрошу прощения за свои слова».

ИИСУС ИСЦЕЛЯЕТ БОЛЕЗНЕННЫЕ ВОСПОМИНАНИЯ

Молитвы о воспоминаниях

Когда травмы связаны с конкретным происшествием, некоторым детям полезно пригласить Бога в воспоминания о случившемся. Господь не связан временем и пространством, поэтому Он может исцелять события и ситуации в прошлом.

Молитвы о воспоминаниях — полезный инструмент для избавления как от простых, так и от более глубоких ран. Любая боль или негативные реакции, которые мы испытали когда-то, в определенный момент могут вырваться наружу, и тогда с ними нужно будет разобраться. После того как Бог исцеляет болезненные воспоминания, память о случившемся может остаться. Однако она уже не причиняет боли, и мы с ощущением свободы готовы двигаться вперед.

МОЛИТВЫ О ВОСПОМИНАНИЯХ

1. Попроси Иисуса забрать твои болезненные воспоминания. Подожди и посмотри, что Он напомнит тебе. Позволь проявиться чувствам, которые ты когда-либо испытывал.

2. Пригласи Христа в твои воспоминания. Посмотри, что Он сделает или скажет. Как ты себя чувствуешь при этом?

3. Прости людей, ранивших тебя. Попроси прощения за свою реакцию на боль/обиду. Подумай о случившемся еще раз. Как ты сейчас себя чувствуешь?

Ты можешь сказать…

1. **«Иисус, пожалуйста,** верни меня назад в… Прошу Тебя, исцели мои воспоминания».

2. **«Иисус, пожалуйста,** войди в это воспоминание…»

3. **«Я прощаю…** Прости меня за…»

«Иисус, спасибо Тебе за исцеление этого воспоминания!»

Больше чем воображение

Когда мы просим Иисуса вернуть нас в болезненный момент в прошлом, который в какой-то мере негативно влияет на настоящее, в нашем сердце могут всколыхнуть давние эмоции, а именно страх, гнев, одиночество и т. д. Выпуская их наружу, мы больше не позволяем им оставаться в душе и отравлять нас, подобно яду.

Приглашая Иисуса в ситуацию, мы стараемся не представлять себе или предполагать действия Христа, когда Он придет в нашу память. Напротив, мы хотим уделить этому время и позволить Ему войти в обстоятельства и явить Себя. Нередко Иисус входит в память в виде образа, в котором ребенок узнает Его. Он часто говорит или делает что-то, например спрашивает ребенка, хочет ли он поиграть, или просто берет его за руку. В других случаях дети могут не видеть Иисуса, хотя чувствуют Божий мир и покой и знают, что Господь был там.

Мы обнаружили, что истинное откровение о Божьем присутствии и Его характере в воспоминаниях имеет огромное воздействие и приносит исцеление. Возможно, вы захотите сами практиковать исцеление от воспоминаний, пригласив Святого Духа привести вас в те обстоятельства, которые Он хочет исцелить. Вы удивитесь, какие (забытые) ситуации приходят на ум!

Ной (семь лет) молится о воспоминаниях

Мы возвращаемся к семилетнему Ною и его другу Джо. В предыдущем примере Ной использовал молитвы об избавлении от боли, чтобы отдать случившееся Иисусу и простить других детей. В примере ниже мы покажем, как молитвы о воспоминаниях способны помочь ему разобраться с теми же болезненными воспоминаниями другим способом. Молитва и разговор могут складываться следующим образом:

Мама: «Ты бы хотел попросить Господа Иисуса вернуть тебя мысленно в ту ситуацию на площадке?»

Ной: «Да, хорошо. Иисус, пожалуйста, верни меня в то утро в школе, когда Джо и другие смеялись надо мной».

Мама: «Давай подождем и посмотрим, что Он напомнит тебе, — мама ждет немного. — Ты видишь себя в той ситуации? Что происходит?»

Ной: «Я на игровой площадке в школе. Джо говорит, что у меня большие ноги и уши, как у слона! Все начинают надо мной смеяться».

Мама: «Как ты себя чувствуешь?»

Ной: «Ужасно. Я чувствую себя скверно. Мне кажется, что меня больше никто не любит. Я злюсь, потому что надо мной все смеются. Так хочется их ударить, чтобы они замолчали!»

Мама: «Давай попросим Христа войти в это воспоминание».

Ной: «Пожалуйста, Господь Иисус, войди в мое воспоминание».

Мама: «Что происходит?»

Ной: «Я вижу Иисуса. Он спрашивает, хочу ли я с Ним поиграть».

Мама: «Как ты теперь себя чувствуешь?»

Ной: «Хорошо, потому что я нравлюсь Иисусу. Он мой Друг».

Мама: «Ты можешь простить Джо и других ребят за то, что они так отвратительно вели себя?»

Ной: «Да, я прощаю Джо и других детей за то, что они так со мной обращались и обзывали меня».

Мама: «А теперь попроси прощения за свое участие в этом конфликте».

Ной: «Извини меня, Господь Иисус, за то, что я ненавидел этих детей. Пожалуйста, прости меня».

Мама: «Теперь подумай о случившемся на площадке утром. Как ты себя чувствуешь сейчас?»

Ной: «На самом деле мне больше не больно. Я опять хочу дружить с ними. Думаешь, мы можем дальше дружить?»

Мама: «Конечно, можете! Давай скажем Иисусу "спасибо" за то, что Он сделал, и попросим Его помочь тебе в школе завтра».

Учение о грехе и прощении

УЧЕНИЕ О ГРЕХЕ И ПРОЩЕНИИ

ИСТИНА ДЕЛАЕТ НАС СВОБОДНЫМИ

Заложить важное основание для формирования характера и обретения успеха

Многие дети запутались, потому что сделали что-то не так и не понимают, как с этим быть. И все же умение все исправлять — важный ключ к формированию характера и обретению успеха. Так почему бы родителям не учить этому детей более подробно?

Отчасти проблема заключается в том, что общество отошло от Божьих стандартов правильного и неправильного, поэтому мы все подобны человеку, построившему свой дом на песке. Но ведь вы хотите, чтобы ваши дети преуспели и могли справиться с жизненными бурями, поэтому необходимо научить их различать добро и зло, а также что делать, когда они поступают неправильно.

Библия называет ошибки, промахи, оскорбления, злые, эгоистичные или другие разрушительные действия, совершенные нами, грехом. В этом разделе мы рассмотрим, как объяснить детям, что такое грех, и как бороться с ним через молитву о прощении. Она является мощным и в то же время простым инструментом, который ваш ребенок может использовать с раннего возраста, чтобы наладить отношения между ним и Богом, а также между ним и другими людьми.

Справиться с грехом с помощью молитвы о прощении — значит принять Божий выход из ситуации, когда мы не получаем того, что заслужили, за свои поступки. А еще это подразумевает не стремиться к тому, чтобы другие получили по заслугам за свои действия по отношению к нам.

Серьезная проблема

Грех — не баловство, как сказали бы в рекламе, испорченными, хотя такими вкусными продуктами. Грех означает думать, делать, чувствовать или говорить что-то, что не нравится Богу. Это серьезная проблема, потому что он разделяет нас с Господом (см.: Исаии 59:2). Если с грехом не разобраться, в конечном счете он ведет к смерти (см.: Римлянам 6:23).

На волосок от гибели

Когда одному из наших сыновей было семь лет, он помчался по тротуару и потащил за собой друга. Женщина, сопровождавшая их, крикнула им остановиться. Но мальчики проигнорировали ее. Она с ужасом наблюдала, как наш ребенок выскочил на дорогу. Возможно, он правильно оценил расстояние до приближающейся машины, но другой мальчик наблюдал за ним, а не за движением транспорта. Его друг ринулся за ним и чудом избежал наезда.

Непослушание действительно может оказаться смертельным. Возможно, не с первого раза. И не всегда тот, кто возглавляет бунт, платит цену. Те, кто следует за ним, также могут получить травму. Узнав об инциденте, мы отправили нашего сына спать без ужина — один из редких случаев, когда нам пришлось пойти на такое. Мы также искренне молились о том, чтобы он понял, что поступил неправильно, а его поступок мог стоить жизни. Через некоторое время из спальни послышались душераздирающие рыдания. Чувство голода в сочетании с усиленной молитвой с нашей стороны действительно помогли нашему сыну переосмыслить ситуацию (покаяться) и осознать, что в следующий раз нужно слушаться.

Закон и благодать

Некоторые христиане не любят говорить о грехе, они предпочитают сосредоточиться на благодати. Но как можно понять, что мы прощены (иными словами, что нам отпущены грехи), если мы вообще не знаем, что сделали не так. Прощение ничего не будет значить для нас.

Точно так же ребенку трудно оценить Божью благодать (милость, прощение, благоволение), если он не имеет хотя бы базового понимания проблемы греха и вины. Десять заповедей (вместе с остальной частью ветхозаветного закона с его многочисленными правилами и системой жертвоприношений) были даны с конкретной целью. Во-первых, чтобы показать, чего ожидает Бог, если мы хотим поступать по-своему. Во-вторых, чтобы подчеркнуть: у нас действительно *нет* шансов сделать это своими силами. Когда мы осознаем серьезность нашего положения, то готовы принять Божье решение, Его *благодать*, в которой Он, по сути, говорит: «Все в порядке. Иисус справился с этим. Он все уладил за тебя на кресте».

Упражнения, которые помогут детям понять смысл греха

Понимание Божьих стандартов

1. Вместе пройдитесь по десяти заповедям, перечисленным в Книге Исход, в двадцатой главе.

2. Поговорите о том, какие из них вам удалось соблюсти, а какие вы нарушили. Объясните, что, если быть честными, мы все споткнулись уже на первой: *«Да не будет у тебя других богов пред лицем Моим»* (Исход 20:3). Бог — это кто-то или что-то, что мы ставим на первое место в своей жизни, кого мы уважаем, любим и обожаем. Мы отдали другим людям, вещам и т. д. это место в наших сердцах.

Покажите, что мы все поступали неправильно

1. Вместе с ребенком сядьте, закройте глаза и сожмите кулаки. Объясните, что вы будете называть разные грехи (под грехом подразумеваются слова, мысли, дела или чувства, которые не нравятся Богу). Если вы когда-либо совершали такое, разожмите один палец.

2. Назовите грехи, распространенные среди детей, например не слушаться родителей, лгать (говорить неправду), брать чужие вещи (воровать), ненавидеть кого-то, желать того, что есть у другого ребенка (жажда иметь чужое).

3. Откройте глаза. Сколько пальцев вы оба разжали? Если вы были честны, то у вас будет разжат хотя бы один палец.

4. Объясните: посмотри, сколько пальцев разжато у нас обоих! Вот, что имеет в виду Библия под словами, что мы все согрешили. Это означает, что мы все в какой-то момент поступали неправильно. Даже один проступок подобен куску грязи в стакане чистой воды. Его достаточно, чтобы вся вода стала нечистой. Так и с Богом. Он хочет, чтобы мы были святыми и совершенными, подобно Ему, однако мы не можем добиться этого своими силами. Нам нужна помощь Иисуса. Господь говорит, что Христос может быть совершенным для нас, если мы этого хотим.

Минутка для размышления

Соответствует ли ваше представление о грехе, законе и благодати учению в Слове Божьем?

Как вы можете помочь своему ребенку лучше понять суть греха, закона и благодати?

БОЖЬЕ ЛЕКАРСТВО ОТ ГРЕХА

Помочь детям принять Иисуса своим Господом и продолжать идти по жизни с Ним

Как только ребенок осознает, что грех является проблемой, можно тотчас показать ему гениальное Божье решение — Иисуса Христа!

Иисус пришел на землю с миссией спасения, чтобы покончить с грехом раз и навсегда. Для осуществления задуманного Ему пришлось стать настоящим человеком. В Библии сказано, что Он был не такой, как мы, ведь, в отличие от всех живущих со времен Адама и Евы, Христос родился без единого греха, уже существующего в мире. А все потому, что у Него не было земного отца. Вместо этого Святой Дух сошел на Марию, и она чудесным образом забеременела (см.: Луки 1:34-35).

Поскольку Иисус стал полностью человеком, Он был искушаем теми же вещами, что и мы, но не сдавался. На самом деле Христос вообще никогда не делал *ничего* плохого! Будучи безгрешным с самого начала, Он оставался абсолютно непорочным. Вот почему Иисус смог предложить нам Свою совершенную жизнь, став Агнцем Божьим, Который взял на Себя грех мира. Он взял наши грехи на Себя (см.: Иоанна 1:29). До этого людям приходилось приносить в жертву всевозможных животных и возлагать на них свои грехи. Иисус же стал последней совершенной жертвой!

Совершенное омытие: верь и принимай

Иисус умер за нас, однако не остался мертвым. Он воскрес и сегодня жив! Мы можем верить в Него и принимать Его в свою жизнь. Именно так Бог разбирается с грехом в нашей жизни (см.: Иоанна 1:12; 3:16). Поступая так, мы фактически «применяем» кровь Христа, которую Он пролил много лет назад на кресте. По сути, мы говорим: «Мне больше не нужно нести наказание за свой грех или отвечать за его последствия. Иисус сделал это за меня! Я верю в это и верю в прощение Бога и благодать, которые очищают меня и забирают все, что связано с моим грехом»[19]. И Он это делает! Мы становимся теми, кого Библия называет «рожденными свыше».

Дэниел вспоминает:

«Однажды, когда мне было восемь лет, папа объяснил мне, что я могу пригласить Иисуса в мою жизнь, и Он войдет в нее. Позже в тот же день, находясь один в своей комнате, я решил попросить Иисуса войти в мою жизнь, и огромная радость переполнила мое сердце!»

Не оказывайте давление на ребенка, чтобы он принял Иисуса определенным образом или в конкретное время. Однако будьте готовы объяснить, Кто такой Христос, что Он для него сделал и как

---

[19] См.: 1-е Петра 3:18; Евреям 9:14; Евреям 10:10; 1-е Иоанна 1:9.

ребенок может лично принять Господа в свое сердце. Молитесь о том, чтобы Святой Дух помог детям понять и принять Иисуса[20].

Когда нашему третьему ребенку было четыре с половиной года, мы пошли гулять по холмам. Он увидел распятие рядом с тропинкой и внезапно объявил, что хочет пригласить Иисуса в свою жизнь. Мы расположились на соседней скамейке, и он это сделал! За несколько месяцев до случившегося мы стали рассказывать сыну библейские истории (с целью показать ему, Кто такой Иисус) и просто проводили с ним время. Как же он изменился после того дня!

Даже маленькие дети способны поверить в Иисуса и принять Его. По мере взросления их понимание поступка Христа возрастает, они могут захотеть опять пригласить Его в свою жизнь. Это не означает, что они не родились свыше раньше, а скорее, пришли к более глубокому осознанию и просто хотят выразить свою любовь к Иисусу и желание снова следовать за Ним.

Омытие на ходу: исповедь

Вы ходили босиком по дому после ванны? Перед тем как ложиться спать, возможно, вам опять придется вымыть ноги. Но вы не станете снова купаться полностью. Достаточно смыть грязь с ног. Иисус сравнивает рождение свыше (веру в Него и принятие Его) с обмыванием всего тела. А исповедание (признание в содеянном и раскаянье) — с омытием той его части, которая загрязнилась, пока мы ходили (см.: Иоанна 13:10). Это второй аспект Божьего лекарства от греха.

Учить детей исповедоваться и разбираться с грехами даже после того, как они приняли Иисуса в свое сердце, — ключ к тому, чтобы помочь им оставаться рядом с Господом, продолжать двигаться вперед с неугасающей любовью к Нему. Это совсем не значит

---

[20] См. главу «Помочь ребенку принять Иисуса» в разделе «Дополнительные материалы».

занижать самооценку ребенка. Исповедание грехов и раскаянье перед Богом освобождает и помогает нам правильно думать о себе (см.: Римлянам 12:3). Это тоже ключ к решению проблем, подпитываемых грехом, чтобы ребенок мог получить свободу и пребывать в ней.

Помните Саула и Давида? Давид стремился быть правым перед Богом глубоко в сердце, а Саул хотел хорошо выглядеть внешне и старался сохранить лицо. У Давида не возникало проблем публично признать свои ошибки, какими бы серьезными они ни были: *«Но я открыл Тебе грех мой и не скрыл беззакония моего; я сказал: "исповедаю Господу преступления мои", и Ты снял с меня вину греха моего»* (Псалом 31:5).

Некоторые дети беспокоятся о том, нужно ли им просить прощения за каждый грех, чтобы спастись. Я была одной из них и волновалась, что если внезапно умру, не попросив прощения за все свои грехи, то не смогу попасть в рай. Тогда родители объяснили мне, что так же, как я ничего не могу сделать, чтобы они перестали любить меня и быть моими папой и мамой, теперь, когда я стала Божьим ребенком, никакой из совершенных мной поступков не изменит ситуацию. Мое спасение зависит не от исповедания каждого греха, а от того, что я верю в Иисуса Христа и приняла Его в свою жизнь (см.: Иоанна 1:12; 3:16).

Родители рассказали мне, что грех подобен облаку, которое закрывает от нас солнце. Солнце никогда не перестает светить, посылая тепло, хотя кажется более холодным и тусклым. Точно так же грех может встать между нами и Богом и испортить нашу дружбу. Как только мы говорим Ему о своем проступке (Он все равно знает!) и просим Его простить нас (вымыть загрязнившиеся области нашей жизни), ветер словно уносит облако, и мы снова греемся на солнце.

Минутка для размышления

Принял ли ваш ребенок Иисуса? Если нет, как вы можете помочь ему сделать этот шаг?

Как вы справляетесь с грехом в своей жизни?

ПРИЙТИ В ПРАВИЛЬНОЕ СОСТОЯНИЕ И НАВЕСТИ ПОРЯДОК

Молитвы о прощении

Никому не нравится бегать с камнем в обуви. Даже если это маленький камешек, он впивается в ногу и портит все удовольствие. Если мы решим его игнорировать, он от этого не исчезнет. А если оставить все как есть, в конечном счете он прорвет кожу и появится рана. Ответ очевиден — остановить игру и вытащить камень. Чем раньше мы это сделаем, тем быстрее сможем веселиться!

Когда мы просим у Бога прощения за неправильные поступки (исповедание, признание) — это равносильно вытягиванию камешка из обуви. В итоге мы можем наслаждаться жизнью, которую Он для нас приготовил, и не позволять ситуации усугубляться. Мы представляем вашему вниманию и объясняем молитвы о прощении как простой инструмент, который дети могут использовать, чтобы быстро и эффективно справиться с этими грехами.

МОЛИТВЫ О ПРОЩЕНИИ

1. Скажи Иисусу, что сожалеешь о своем поступке, словах или чувствах.
2. Попроси Иисуса простить тебя.
3. При необходимости наладь отношения с другими.

Ты можешь сказать…

1. **«Иисус,** я сожалею о том, что…»
2. **«Пожалуйста,** прости меня за…»
3. **«Помоги** мне наладить отношения с помощью…»

«Спасибо Тебе, Иисус, за то, что простил меня!»

Шаг 1. Скажи Иисусу, что сожалеешь о своем поступке, словах или чувствах.

Предложите ребенку написать или нарисовать на листе бумаги, камне или палке то, за что он хочет попросить у Бога прощения. Когда ребенок дойдет до шага 2, помогите ему избавиться от этого предмета. Например, его можно сжечь, выбросить или отправить плыть по течению.

Один из наших сыновей на протяжении многих недель боролся с неясным чувством осуждения. Он был уверен, что сделал что-то не так, но не знал, что именно!

В другой раз он пережил период, когда почти каждую ночь Бог действительно обличал его в определенных грехах. Он сделал кое-что у нас за спиной, и это требовало разоблачения. Святой Дух показывал ему конкретные вещи, и в конце концов у сына хватило смелости во всем признаться. После того как «сезон» очищения закончился, мы заметили, что он растет духовно и развивает свою глубокую веру. Тогда мы поняли: существуют моменты, когда ребенку необходимо ощутить тяжесть своего греха, чтобы испытать сладкое облегчение от Божьего прощения. Так что наберитесь терпения и не торопите детей в этом процессе.

Шаг 2. Попроси Иисуса простить тебя.

Попросить Иисуса простить нас означает отвернуться (покаяться) от того, что мы делаем, думаем или чувствуем неправильно, и быть готовыми идти Божьим путем. Некоторые дети начнут просить прощения, потому что боятся наказания или хотят угодить вам, однако в их сердцах не происходит никаких перемен.

Не соглашайтесь с тем, чтобы они только внешне соответствовали образу хорошего христианина! Только подлинное внутреннее изменение приводит к поистине богоугодной жизни. Это «истина в сердце» (место, куда никто не смотрит, о котором царь Давид говорит в Псалме 50:8). Продолжайте общаться с непослушным ребенком и молитесь за него, пока не увидите настоящие перемены.

Напомните своему ребенку, что мы можем просить у Бога прощения благодаря тому, что Иисус Христос сделал для нас на кресте. Он занял наше место и понес грехи и наказание всего мира: *«...и ГОСПОДЬ возложил на Него грехи всех нас»* (Исаии 53:6, выделение авторов).

После того как мы покаялись перед Богом и попросили у Него прощения, разум может продолжать обвинять нас. Поэтому важно *получить* или принять прощение Господа. Другими словами, применить то, что Иисус сделал на кресте[21].

Примечание. Чтобы получить прощение от Бога, нужно простить других.

В молитве, которую называют «Господней молитвой», Иисус учил нас: *«...и прости нам долги наши, как и мы прощаем должникам нашим»* (Матфея 6:12). В 15-м стихе Он добавляет: *«...а если*

---

[21] См.: Исаии 53:11 и 1-е Коринфянам 15:3; 1-е Петра 2:24 и 3:18.

не будете прощать людям согрешения их, то и Отец ваш не простит вам согрешений ваших».

Можно объяснить это ребенку, используя следующую иллюстрацию: представь, что ты держишь в руках небольшую птицу. Пока птица в руках, она не может улететь. Теперь предложите ребенку леденец или другое лакомство. Чтобы взять леденец, ему придется раскрыть руки и отпустить птицу.

Прощение означает раскрыть руки и отпустить другого человека. Теперь мы свободны и можем получить прощение от Бога.

Если вашему ребенку трудно прощать других людей или даже себя, прочитайте и расскажите ему притчу о непрощающем слуге, записанную в Евангелии от Матфея 18:21-35. Объясните ему: как бы с нами ни поступили другие, если Бог может простить наши грехи, тогда и мы сможем прощать других!

Иногда ребенку трудно простить из-за боли, обиды и воспоминаний. Дети блокируют эти чувства, хотя с ними нужно разобраться. Это возможно сделать, используя молитвы об избавлении от боли, молитвы о реакции и о воспоминаниях.

Шаг 3. При необходимости наладь отношения с другими.

Чтобы исправить ситуацию, возможно, нужно просто извиниться перед кем-то за свои слова, отношение или поведение. Или это может быть действие, например вернуть украденное или заплатить за сломанную вещь.

Закхей приложил немало усилий, чтобы наладить отношения с людьми. Он слыл нечестным сборщиком налогов и взимал завышенную плату, а деньги оставлял себе. Все его ненавидели, однако никто не мог остановить. Он был очень богат и могущественен. Встретившись с Иисусом, Закхей понял свою неправоту. Он дал понять, что сожалеет о содеянном, и пообещал вернуть в четыре раза больше, чем взял (см.: Луки 19:8). Озвученная сумма значительно превышала ту, которая требовалась по еврейскому закону в подобных случаях!

Мари (одиннадцать лет) молится о прощении

Представьте, что Мари украла серьги. Ее мучает совесть, она сожалеет о содеянном. Когда мама поинтересовалась, откуда у девочки серьги, Мари решила признаться. Мама использует простые молитвы о прощении, чтобы показать дочери, как можно исправить положение перед Богом. Затем женщина помогла девочке разобраться с практическими шагами, чтобы наладить отношения с другими.

Мама: «Ты бы хотела поговорить с Иисусом о своем поступке, попросить Его простить тебя и помочь исправить ситуацию?»

Мари: «Да. Дорогой Господь Иисус, я очень сожалею, что украла эти серьги, когда ездила в город с Эллой. Это было неправильно. Мне не следовало так поступать. Пожалуйста, прости меня за воровство. Я принимаю Твое прощение и благодарю за то, что Ты простил меня! Я также прощаю Эллу за то, что она надоумила меня взять их, утверждая, что никто все равно не заметит, ведь магазин приносит так много денег, что для них это не имеет значения. Помоги мне все исправить. Знаешь, Иисус, мне необходимо вернуть их обратно. Пожалуйста, помоги мне поступить правильно, даже если это неловко».

Мама: «Хорошее решение! Мне пойти с тобой, чтобы поддержать тебя морально?»

Мари: «Спасибо, мам! Я бы очень этого хотела!»

Двигаться вперед

После того как порядок наведен, необходимо разработать стратегию, как впредь не делать то же самое. Объясните своему ребенку, что чем ближе мы остаемся к Иисусу, то есть общаемся с Ним в молитве, читаем Его Слово и т. д., тем эффективнее наше сопротивление искушению (см.: Римлянам 12:1-2). Но если снова возникнет ситуация, в которой мы можем согрешить, нужно изо всех сил противостоять ей (сопротивляться) и доверять Богу, чтобы найти выход.

Итак покоритесь Богу; противостаньте диаволу, и убежит от вас (Иакова 4:7).

…но при искушении [Бог] даст и облегчение, так чтобы вы могли перенести (1-е Коринфянам 10:13).

Вот как может выглядеть продолжение разговора из предыдущего примера:

Мама:	«Мари, что ты можешь предпринять, чтобы больше никогда не воровать?»

Мари:	«Знаешь, мама, у меня всегда возникают проблемы, когда я с Эллой. Мне кажется, она не очень хорошая подруга...»

Мама:	«У вас в классе есть другие девочки, с которыми ты можешь дружить?»

Мари:	«Джейн хорошая. Она мне нравится. Мы отлично ладим в школе».

Мама:	«Может, пригласишь ее в гости в субботу?»

Мари:	«Хорошо, я спрошу, захочет ли она прийти».

Мама:	«Как поступить, если кто-то говорит тебе сделать что-то, а ты знаешь, что это неправильно? Что ты предпримешь в следующий раз?»

Мари: «Я попытаюсь их не слушать. Просто скажу, что не хочу этого делать, и пошлю стрелу молитвы Иисусу с просьбой о помощи».

Мама: «Замечательный план. Давай теперь помолимся об этом: "Господь, мы молимся за хорошую подругу для Мари. Пожалуйста, помоги ей не слушать, когда друзья пытаются заставить ее делать что-то неправильное. Во имя Иисуса, аминь!"»

Д.

Инструменты
для освобождения

ИНСТРУМЕНТЫ ДЛЯ ОСВОБОЖДЕНИЯ

РЕАЛЬНОСТЬ ДЕМОНИЧЕСКИХ АТАК И ОСВОБОЖДЕНИЯ

Когда разрушаются защитные барьеры

Призраки, колдовство и магия — популярные темы в детских книгах и фильмах. Возможно, вы интуитивно беспокоитесь по поводу такого содержания и знаете, что зло реально. Может быть, вы даже испытывали необъяснимые духовные явления. Хотя, скорее всего, вы предпочитаете особо не задумываться об этом. Как христианину, который верит Библии, вам следует быть осведомленным, но не бояться:

Трезвитесь, бодрствуйте, потому что противник ваш диавол ходит, как рыкающий лев, ища, кого поглотить (1-е Петра 5:8).

Бесы и их намерения

Реальность демонического царства описана в Библии. Мы читаем, что находимся в состоянии войны с дьяволом. Однако он работает через своих агентов, или пехотинцев. Они называются бесами. Чтобы выиграть битву, вам нужна подготовка, в том числе знание о враге и его действиях, и подходящее оружие для поражения духовного противника. Бог обеспечивает нас и тем и другим[22].

По сути, бесы — это падшие ангелы, они являются частью царства сатаны. С момента зачатия они ищут способы войти в жизнь человека, чтобы украсть, убить и погубить (см.: Иоанна 10:10). Почему? Все очень просто: ведь мы, люди, созданы по образу и подобию Божьему (см.: Бытие 1:26-27). Бесы ненавидят Господа и, следовательно, ненавидят нас. Они воюют с Творцом и Его народом, но уже потерпели и потерпят окончательное поражение в конце времен.

Мы считаем, что наши тело и душа являются главным объектом нападения бесов[23].

Демонические духи стремятся повлиять на нашу волю, разум и эмоции.

Они могут стать причиной физической, психической и эмоциональной боли и болезней. Подобно тому, как микробы и вирусы вызывают плохое самочувствие, так и бесы способны заставить нас чувствовать не совсем в себе. Бесы — духовные существа без тела, поэтому они ищут проводника, предпочтительно человеческое тело, через которое могут действовать (см.: Матфея 12:44; Луки 8:26-33). Например, бесу ненависти нужен кто-то, через кого он может выразить ее, в то время как бес страха нуждается в ком-то, через кого он может выразить страх.

---

[22] Например, *«Благословен Господь, твердыня моя, научающий руки мои битве и персты мои — брани»* (Псалом 143:1) и *«Оружия воинствования нашего не плотские, но сильные Богом на разрушение твердынь: ими ниспровергаем замыслы»* (2-е Коринфянам 10:4).

[23] Служители-молитвенники расходятся во взглядах на то, в какой степени дух христианина может быть затронут демоническими силами.

Демоны проникают в нашу жизнь подобно солдатам, которые спрятались в деревянном коне, чтобы попасть в Трою. Приняв коня за трофей богов, троянцы открыли ворота и втащили коня внутрь. Так они впустили врага, не подозревая об этом.

Следовательно, нам нужно знать, как не впускать бесов в свою жизнь.

Если они уже получили доступ, тогда нам следует разобраться, как их изгнать. Хорошая новость заключается в том, что когда мы учимся делать это своевременно, то можно избежать драмы, а то и трагедии.

Естественные защитные барьеры

Естественные защитные барьеры препятствуют внешнему воздействию, способному причинить нам вред. На физическом уровне одним из таких барьеров является кожа. Она не пропускает микробы и другие плохие организмы. Но порез или ожог нарушают этот барьер и делают нас уязвимыми к инфекции, если их не лечить.

Еще один естественный защитный барьер — это данная Богом способность осмысливать эмоции и переживания, чему мы учимся с первого дня жизни. По мере взросления наше умение возрастает, поэтому у малыша уровень разочарования меньше, чем у зрелого человека!

Проблема возникает, когда обстоятельства, эмоции или грехи повреждают либо разрушают наши естественные защитные барьеры. Такое случается, если ситуация выходит за рамки нашей естественной способности осмыслить ее или справиться с ней. Или если мы можем решить что-то, но не смогли этого сделать. Какова бы ни была причина, когда естественные защитные барьеры разрушены, дети и взрослые становятся уязвимыми. Бесы могут воспользоваться ситуацией, войти и начать влиять на нашу жизнь. Получив доступ, они не овладевают нами (что подразумевает полный контроль), а влияют на нас изнутри. На греческом языке данное понятие звучит как *daimonizesthai*.

Как только духовные захватчики (бесы) прорвались через естественную защиту, они делают все возможное, чтобы все больше и больше завладеть мышлением, чувствами и поступками ребенка. Демоническая личность словно накладывается на его личность в конкретной сфере и переплетается с ней. Вот почему взрослые, которые приходят к нам на молитвенные служения, часто говорят: «Я всегда чего-то боялся» или «Сколько себя помню, у меня была низкая самооценка и я чувствовал себя отвергнутым».

В какой-то момент, еще в утробе матери или в раннем детстве, «троянский конь» незаметно пробрался через их естественную защиту. Чем быстрее у нас получится изгнать этих духовных захватчиков, тем лучше. Освобождение ребенка позволяет ему развить сильную, здоровую личность и реализовать заложенный Богом потенциал без демонического вмешательства.

То, что разрушает естественные защитные барьеры и позволяет бесам получить доступ в нашу жизнь, можно также рассматривать как «открытые окна», или точки входа, для злых духов. Вкратце мы рассмотрим три наиболее распространенные из них: разлад между родителями, грех и обиды.

«Открытое окно» разлада

Как христианам, нам дано повеление сохранять единство духа в союзе мира (см.: Ефесянам 4:3). Продолжающиеся разногласия между родителями и ссоры на глазах у детей могут сделать их уязвимыми перед демоническими атаками на разных уровнях. Мы молились за одну такую девушку-подростка, которая боялась оставлять своих родителей одних дома, чтобы пойти погулять с друзьями. Причиной тому послужил глубоко укоренившийся страх из детства. Она видела, как отца забрали в полицию после сильной ссоры с мамой. Когда девушка помолилась об освобождении, дух страха оставил ее. В итоге она смогла доверить своих родителей Богу и спокойно проводить время с одногодками.

«Открытое окно» греха

Грех привлекает бесов, как мух — навозная куча, или крыс — сточные воды. Когда мы понимаем суть греха, но упорно продолжаем делать, думать или говорить неправильные вещи, то открываем себя для беса, который делает этот грех еще сильнее. Мы полагаем, что именно так произошло в жизни царя Саула. Он упорствовал в гордости, бунтовал против Бога и ненавидел Давида, за что в итоге был мучим демоническим духом (см.: 1-я Царств 16:14).

Точно так же Иуда Искариот имел привычку воровать из мешка деньги учеников. В результате его естественная защита настолько ослабла, что сатана смог войти в него (см.: Иоанна 12:6; Луки 22:3).

Следовательно, опасность позволить бесам войти в нашу жизнь через постоянный, сознательный грех достаточно реальна, поэтому так важно научить детей быстро справляться с грехом, как мы говорили в предыдущем разделе. Мы молились за освобождение подростков от лживых духов, которые приходили, когда они предпочитали солгать, чтобы избежать конфликтов с родителями.

«Открытые окна» боли/обиды и травмы

Все, что ранит или сокрушает нас настолько глубоко, что выходит за рамки нашей естественной способности обработать это, может стать точкой входа для беса, который тотчас прискачет верхом на обиде и нашей реакции на нее.

Отвержение — серьезная травма, которая еще в утробе матери может открыть детей для бесов отвержения. Чувство отверженности, отвержение себя и отвержение со стороны других людей будет усиливаться. Мы молились со многими детьми в Аргентине, кого отверг или бросил один или оба родителя. Когда они получили исцеление и утешение от боли отвержения, а впоследствии освободились от духов отвержения, то снова обрели уверенность в себе и стали проявлять меньше агрессии к людям.

Пренебрежение — это своего рода обобщенное состояние обиды и травмы, которое, подобно отвержению, может открыть окно демоническим силам в жизни ребенка. Пренебрежение подразумевает неудовлетворение основных потребностей детей и может принимать форму эмоционального пренебрежения, например когда родители постоянно работают или когда ребенка подталкивают к независимости без надлежащей эмоциональной поддержки или руководства.

Анита (восемь лет)

Имея семью, если так можно выразиться, Анита почти во всем была предоставлена самой себе. Она начала посещать один из филиалов нашей воскресной школы в бедном районе Сальты. Девочка ходила с грязными, спутанными волосами и все время пребывала в состоянии беспокойства. Она могла убежать посреди библейского урока или внезапно ударить ребенка, сидящего рядом. Одна учительница из воскресной школы очень любила Аниту и могла несколько минут удержать ее на коленях, пока девочка снова не исчезала.

Держа ее на коленях, наша служительница тихо молилась, приказывая духам отпустить Аниту и прося Иисуса исцелить израненное сердце ребенка. Со временем мы заметили перемену: Анита стала спокойнее и дольше оставалась на собраниях. В конце концов она смогла поехать в двухдневный детский лагерь на выходных, во время которого не убегала и не била других детей! Иисус начал исцелять никому не нужного ребенка и освободил ее через любовь и молитву.

Янник (десять лет)

В школе Янник подвергался нападкам. Его учитель не воспринимал это всерьез, а советы родителей, похоже, не помогали. Дома мальчик стал очень агрессивным и несколько раз утверждал, что после смерти попадет в ад. Его папа и мама были убежденными христианами и знали, что Янник тоже любит Господа и следует за Ним. Мальчик был более смышленым, чем его сверстники. Родители не могли понять, откуда взялись эта мысль и поведение, и привели его к нам.

В ходе беседы выяснилось, что гнев и ненависть, которые Янник испытывал к другим детям и к учителю, оказались настолько сильными, что подпитывали его агрессию и заставляли причинять боль и обижать других людей. Мальчик чувствовал себя ужасно из-за своего поведения и пришел к выводу, что, вероятно, лишился спасения. Мы напомнили Яннику, что ничто не отделит его от любви Божьей во Христе Иисусе. Он отдал свою боль Иисусу на крест, простил других детей и попросил Господа простить его за неправильные реакции. Затем Янник приказал духу гнева убраться прочь во имя Иисуса. Во время молитвы он почувствовал, будто что-то прыгает в животе. Так дух проявил себя. Мальчик продолжал молиться до тех пор, пока дух не вышел и все неприятные ощущения внутри не исчезли. Он пошел домой свободный и с улыбкой на лице!

Примечание. Когда бесы связаны с душевной болью, часто легче освободить ребенка, если вы сначала получили исцеление от обиды или боли, используя молитвы об исцелении, прощении и реакции.

Другие примеры «открытых окон» для бесов:

- Отсутствие единства между родителями.
- Зачатие и дородовая травма (изнасилование, попытка аборта).

- Психическое, сексуальное, эмоциональное или вербальное насилие.

- Потеря родителя или любимого человека (смерть, развод, уход и т. д.).

- Длительное разделение, например госпитализация, прод-ленка, интернаты.

- Аварии, несчастные случаи, в которых ребенок пережил шок или страх.

- Травля, преследование, в том числе кибертравля.

- Употребление наркотиков и алкоголя.

- Сексуальные эксперименты в группах, секстинг (обмен интимными фотографиями и откровенными сообщениями с помощью современных средств связи. — *Прим. переводчика*).

Минутка для размышления

Отражают ли какие-либо из приведенных примеров, разрушающих естественные защитные барьеры, то, что переживает ваш ребенок?

Поблагодарите Бога за то, что Он оснастил вас и обучает справляться и побеждать демонические атаки в вашей семье.

21

БЕЗОПАСНОСТЬ ВАШЕГО ДОМА

Распознать и закрыть «окна»

Представьте, что вы ложитесь спать вечером и оставляете окна открытыми. Очень вероятно, что вы проснетесь и обнаружите грабителя, лакомящегося продуктами из вашего холодильника, а в его сумке, перекинутой через плечо, уже лежат ваши ценные вещи! Большинству людей и в голову не придет проявить такую беспечность, потому что всем известно: воры существуют. Они ищут дома, куда легко проникнуть. Поэтому мы проверяем перед сном, закрыты ли все окна и двери, и постепенно приучаем наших детей делать то же самое.

Точно так же нужно проявлять бдительность в отношении того, чему мы позволяем проникнуть в наши дома и жизнь на духовном уровне. Необходимо научиться распознавать то, что может привлечь бесов, как крыс к мусору, и перекрыть им доступ в нашу жизнь. В этой главе мы рассмотрим несколько наиболее распространенных сфер, актуальных для детей и подростков, и предложим шаги, которые вы можете предпринять, чтобы закрыть эти «окна»:

- Изображения, вдохновленные бесами.
- Развлечения, управляемые бесами.
- Проклятия.

Изображения, вдохновленные бесами

Дети могут увидеть фотографии и видео, вызывающие глубокое отвращение, например где изображены крайние формы насилия, извращения или демонические существа. Такое может произойти по ошибке или намеренно. Пока дети пытаются справиться с увиденным или вычеркнуть его из памяти, духи, которые кроются за этими изображениями, изо всех сил попытаются закрепиться в их сердцах через страх или неестественное влечение к подобным образам.

Если ваш ребенок увидел что-то и сильно расстроился, научите его делать Иисуса Господом своего воображения и не позволять подобным образам оставаться в центре внимания. Но знайте: детям может понадобиться помощь в активном противостоянии бесам, пытающимся получить доступ в их жизнь. Им нужна молитва. Попросите прощения у Бога (если они смотрели это добровольно) и простите всех причастных к происходящему (например, за то, что показали им изображения). Попросите Бога убрать картинки из сознания детей и исцелить любой связанный с ними шок или отвращение. Если они все еще испытывают беспокойство, используйте молитвы об освобождении, изложенные в следующей главе, чтобы освободить от любого духа, скрывающегося за увиденным (например, духа страха, насилия, извращения и т. д.).

Развлечения, управляемые бесами

Родители часто спрашивают, могут ли их дети подвергаться воздействию демонических духов через определенные фильмы, музыку, видеоигры и т. п. Ответ на данный вопрос, на наш взгляд, заключается в том, чтобы научиться различать, что *вдохновляет* создателей или какой *дух* стоит за любыми средствами массовой информации. Возможно, это станет понятно не сразу. Но если что-то окажется диаметрально противоположным Духу Христа, избегайте этого (см.: 1-е Фессалоникийцам 5:21-22).

Дети могут с ходу не разобраться, почему вы не разрешаете им играть в игру, в которую «все играют», или смотреть фильм, который «все видели». Чтобы помочь им понять вас и в будущем самим принимать мудрые решения, объясните им, что существуют два духовных царства. Божье Царство приносит жизнь с избытком тем, кто пребывает в нем. Царство сатаны стремится причинять людям боль. Дьявол хочет, чтобы мы заинтересовались им, его властью и теми разрушительными вещами, которые нравятся ему. Однако Бог желает, чтобы мы любили Его и переживали силу Святого Духа, испытывая радость от того, что доставляет удовольствие Ему.

Кроме того, дети иногда нуждаются в освобождении от конкретных демонических духов, с которыми они вступали в непосредственный контакт через такие источники, как оккультные видео, карточные и выдуманные ролевые игры, попытки использовать черную и белую магию, а также игры, где бесам задают вопросы (например, онлайн). Галлюциногенные наркотики тоже способны открыть сердца подростков для непосредственного влияния демонического царства. Получив доступ, такие духи могут работать в ребенке, увеличивая страх, агрессию, зависимость, влечение к злу и власти сатаны. В конечном счете они попытаются заглушить веру детей во Христа и жажду по Его Слову.

Возможно, ваш ребенок уже стал заядлым игроманом и проявляет признаки агрессии, депрессии. Он начал лгать или сильно замкнулся в себе и находит причины пропускать школу. В таком случае ему или ей, вероятно, необходимо освобождение от демонических сил, которые кроются за конкретной игрой, а также избавление от духа зависимости. Изъятие игры или компьютера без устранения духовных захватчиков, скорее всего, повлечет за собой еще бо́льшие конфликты и поможет лишь отчасти. После того как дети получат освобождение, внимательно следите за ними. Им понадобится много поддержки, поощрения и возможность попробовать новые навыки и восстановить социальные отношения и связи.

Дневной центр для детей (Аргентина)

Христианский психолог, работавшая в детском саду в Жужуе в начале двухтысячных, заметила, что дети начали проявлять в центре необычайно агрессивное и антисоциальное поведение, пристрастившись к определенной фантастической карточной игре. Она слышала, как местный католический епископ предупредил родителей держать своих детей подальше от этой игры, и поэтому внимательно изучила ее содержание. Оказалось, столицей вымышленного мира был Город сатаны, а главный герой часто повторял фразы наподобие: *«Я никогда тебя не прощу!»* Психолог установила связь между поведением детей и оккультными силами, скрывающимися за этой игрой. Как будто что-то завладело детьми, и они больше не могли справиться с происходящим на естественном и психологическом уровнях. Женщина попросила нас прийти и помолиться за освобождение детей. Мы поняли, что дети вступили в прямой контакт с демонами, изображенными на игровых карточках. Когда мы молились вместе с ними молитвами об освобождении, они получили свободу. Дети перестали быть агрессивными, вернулись в свои группы, а их поведение в целом улучшилось!

Проклятия

Существуют различные виды проклятий, которые влияют на детей. Слова могут высвободить благословения или проклятия в жизнь ребенка, потому что, как сказано в Библии, жизнь и смерть во власти языка (см.: Притчи 18:21). Обращайте внимание на то, что вы говорите детям и что им говорят другие. Такие высказывания, как «Ты никогда не будешь хорошо учиться в школе!» или «Никто никогда не захочет на тебе жениться!», могут действовать как проклятие, которое блокирует ребенка в озвученной области.

Другие проклятия могут быть насланы на детей с помощью ритуалов или заклинаний, когда вызываются несчастные случаи, раздоры, преждевременная смерть, внезапная болезнь и т. д. Проклятия могут передаваться из поколения в поколение в результате «окон», открытых предками. Нас могут проклясть знакомые, или неизвестные враги, или соперники, или сатанисты, которые ведут духовную войну против всех христиан. Семьи, активно следующие за Христом, а также те, кто находится на передовой служения, являются особыми мишенями: нам пришлось разрушить немало проклятий, посланных на нас и наших детей. Они проявлялись в виде внезапной высокой температуры и необъяснимой тяжести и депрессии после молитвы.

Вопреки мнению некоторых людей, проклятия могут влиять и влияют на христиан, однако нам не нужно бояться этого. Помните: мы участвуем в духовной битве. Война выиграна, но дьявол и его союзники будут атаковать нас до самого конца. Бреши в нашей броне, такие как обиды, страхи, грехи, разлад или раздоры между родителями, делают нас более уязвимыми для проклятий. Если подобное произошло в вашей семье, покайтесь и исправьте ситуацию. Спокойно разрушьте проклятие, которое вы определили, во имя Иисуса Христа. Стойте на том, что Сын Божий стал проклятием за нас на кресте (см.: Галатам 3:13). Примите твердое решение снова иметь близкие отношения с Иисусом и выработайте привычку ежедневно просить о защите крови Христа для себя и своей семьи.

После разрушения проклятия уходят головные боли

В детстве Эстер часто страдала от головных болей. Врачи провели обследование, но ничего не обнаружили. Несмотря на многочисленные молитвы об исцелении, перемен не происходило. Однажды, в возрасте одиннадцати лет, во время собрания в их доме, в ее сознании всплыло лицо беззубого мужчины. Его имени она никогда не слышала. Отец Эстер вспомнил, что много лет назад человек с таким именем недолго работал с ним в Кении. Имея скверный характер, он через некоторое время в гневе покинул миссию. Очевидно, этот мужчина проклял Эстер, потому что она была самым молодым и самым слабым членом семьи. Вместе с родителями она простила его и разрушила проклятие во имя Иисуса. Головные боли стали не такими сильными, а учительница воскресной школы отметила, что теперь Эстер даже выглядела иначе.

Незамедлительное восстановление подростка

Одна пара привела к нам свою шестнадцатилетнюю дочь Оливию. Внезапно девушка начала вести себя и говорить, как восьмилетний ребенок. Никто не знал причины. Было очевидно, что Оливию прокляли. Она вспомнила, как однажды после школы ее встретила женщина, которая вышла из автобуса, и предложила ей напиток. Выпив его, Оливия изменилась в лице. Женщина оказалась бывшей любовницей ее отца. Пытаясь уничтожить его дочь и отомстить ему, она прокляла девушку через напиток.

Оливия простила отцу измену и простила свою проклинательницу. Она отреклась от бесов, поселившихся в ней через напиток. Мы разрушили проклятие во имя Иисуса Христа и велели связанным с ним бесам оставить девушку. Они проявили себя и ушли. Здравый ум и речь сразу же вернулись к Оливии. Ее родители плакали от радости вместе с ней, когда увидели, что она снова стала собой.

Доминирующие/манипулятивные или сковывающие отношения

Бог создал отношения для нашего обогащения. Здоровые отношения сближают нас с людьми и помогают проявлять наши лучшие качества. Однако иногда люди пытаются заставить нас делать то, что им хочется (контроль), или используют нас, чтобы получить желаемое (манипуляция). Вместо ощущения свободы такие отношения сковывают нас. Мы не чувствуем себя абсолютно свободными и словно привязаны к этому человеку невидимыми веревками. К примеру, такое может произойти с братьями и сестрами или с друзьями.

Контроль и манипуляция напоминают колдовство, которое стремится использовать духовную силу, чтобы влиять на других людей и ситуации. Как и колдовство и оккультизм, такие отношения могут открыть «окно» для демонов.

Нормальная часть взросления — научиться высказывать свое мнение и устанавливать здоровые границы между собой и окружающими. Однако если в жизни людей что-то может оказывать контролирующее или доминирующее духовное влияние на вашего ребенка, с этим нужно бороться в молитве. Попросите Иисуса перерезать веревки, связывающие вашего ребенка с другим человеком. Представьте, как Он делает это гигантскими ножницами. Если дети все еще не чувствуют себя свободными, используйте молитвы об освобождении, описанные в следующей главе, чтобы справиться с духами господства, манипуляции или контроля.

Минутка для размышления

Есть ли в жизни вашего ребенка «открытые окна»? Если да, то какие шаги можно предпринять, чтобы закрыть их?

Попросите Бога подготовить сердце и разум вашего ребенка и позволить вам освободить его.

ВЫПУСТИТЬ ДЕТЕЙ НА СВОБОДУ

Молитвы об освобождении

Иисус сказал, что изгнание бесов будет одним из знамений, сопровождающих тех, кто верит в Него (см.: Марка 16:17). Поэтому как родители-христиане мы имеем власть освобождать наших детей. Изгнать духовных захватчиков, или демонических духов, из нашей жизни — значит лишить их права находиться в нас или в наших детях и дать им понять без обиняков, что у них больше нет разрешения остаться. Иными словами, стоять на том, что Иисус Христос победил сатану и его демонов на кресте, и использовать Его власть, чтобы изгнать их из нашей жизни.

Как только ребенок становится достаточно взрослым, чтобы проявлять свою волю, ему необходимо поверить в Иисуса, принять Его своим Господом и Спасителем[24] и вовлечься в процесс освобождения. Для этого вы можете использовать приведенные ниже шаги молитв об освобождении. Объяснения и примеры, из-

---

[24] Информацию о том, как помочь ребенку принять Иисуса, вы найдете в разделе «Дополнительные материалы».

ложенные в остальной части главы, помогут вам уверенно использовать этот мощный инструмент.

МОЛИТВЫ ОБ ОСВОБОЖДЕНИИ

1. Скажи Господу Иисусу, от чего ты хочешь освободиться.
2. Если это пришло в твою жизнь через поступок другого человека, прости его. Если в происходящем есть твоя вина, попроси Иисуса простить тебя за то, что допустил это в своей жизни.
3. Прикажи этому уйти во имя Господа Иисуса.

Ты можешь сказать...

1. «**Иисус,** я хочу освободиться от...»
2. «**Пожалуйста,** прости меня за...»
3. «**Я приказываю...** уйти во имя Иисуса Христа!»

«Иисус, спасибо за то, что освободил меня!»

Шаг 1. Скажи Господу Иисусу, от чего ты хочешь освободиться.

Родители младенцев и маленьких детей имеют власть в духовной сфере озвучить то, от чего младенцу следует освободиться, и приказать этому уйти. Но когда ребенок становится достаточно взрослым, чтобы говорить и изъявлять свою волю, побуждайте его как можно яснее выразить то, от чего он хочет избавиться.

Если ребенок не хочет освобождаться, не принуждайте его и не пытайтесь сломить его волю. Ходатайствуйте за детей на расстоянии, связывая демонических духов, которые беспокоят их (см.: Марка 3:27). Просите Бога помочь вашему ребенку захотеть освободиться, а также дать вам подходящий момент, чтобы поговорить и помолиться вместе с ним о свободе.

Шаг 2. Если это пришло в твою жизнь через поступок другого человека, прости его. Если в происходящем есть твоя вина, попроси Иисуса простить тебя за то, что допустил это в своей жизни.

Когда вы просите у Бога прощения за грех, который открыл демоническому духу доступ в вашу жизнь, то выносите на свет свой проступок, где Бог может разобраться с ним. Прощение Господа очищает вас и разрушает власть озвученного греха в вашей жизни, а бес лишается права остаться.

Если злой дух вошел в вас в результате чьего-то поступка (например, жестокое обращение, отказ от ребенка, несчастный случай в результате небрежности), то ребенку не нужно просить прощения за грех — он не сделал ничего плохого. Но важно простить этого человека. Многие дети на удивление готовы и способны прощать других. Однако если ребенок по какой-то причине не хочет прощать, вряд ли его удастся сейчас освободить. Злой дух воспримет это непрощение как разрешение остаться. Подумайте, не нуждается ли такой ребенок в исцелении от причиненных обид или в разговоре о смысле прощения.

Шаг 3. Прикажи этому уйти во имя Господа Иисуса.

Представьте себе учителя, который входит в класс и говорит: «Тот, кто бросил камень в окно научной лаборатории, сейчас же выйди из класса!» Провинившийся ребенок вряд ли встанет и выйдет. Он понимает, что учитель не знает, кто разбил окно. А теперь представьте, что вместо этого учитель говорит: «Леон, мистер Уоттс видел, как ты вчера после уроков бросил камень в научную лабораторию и разбил окно. Он ждет тебя в своем кабинете. Выходи!» Леон осознает, что попался. Он не может спрятаться в толпе или притвориться, что учитель обратился не к нему. Его назвали по имени, а поступок раскрыли. У него не остается выбора, кроме как подчиниться и покинуть класс.

Точно так же, когда мы молимся об освобождении, необходимо четко назвать дух, который мы изгоняем. Просто назовите его тем же именем, что и проблему, вопрос или болезнь, которую он вызывает, и укажите, каким образом он проник внутрь. Например, если ребенок борется со страхом после просмотра фильма ужасов, пусть скажет: «Я приказываю страху, вошедшему в меня через фильм ужасов, выйти из меня сейчас во имя Иисуса Христа!»

Обращайтесь непосредственно к проблеме (бесу) и скажите, то есть прикажите ему уйти во имя Иисуса. Не оставляйте захватчику выбора, не просите и не умоляйте его уйти. Не просите Христа изгнать злого духа за вас — это ваша работа. Помните, Сын Божий выполнил Свою часть и теперь восседает по правую руку от Отца. Задача изгонять бесов во имя Его, или от Его имени, была передана нам (см.: Марка 16:17). Когда приказываете духу уйти, говорите спокойно и решительно. Не нужно повышать голос во время молитв об освобождении. Крик не наделит вас большей силой и не заставит беса повиноваться вам, а только напугает ребенка или взволнует подростка.

Во время молитв об освобождении

Продолжайте молиться об освобождении, пока бес не выйдет. Во время молитвы ребенок или подросток может почувствовать проявление на физическом уровне, так как дух дает о себе знать и готовится выйти. Это может быть давление в средине, ощущение, что внутри что-то прыгает, головная боль, чувство возбуждения, страха, тошноты или физической боли. Дух часто выходит через зевоту, кашель или отрыжку или просто когда проявления ослабевают и возникает ощущение легкости или покоя. Продолжайте повелевать бесу уйти, пока ощущения полностью не исчезнут, а ребенок не почувствует себя лучше.

Поблагодарите Иисуса за освобождение. Наша свобода дорого досталась нашему Господу — ценой Его жизни, принесенной в жертву за нас на кресте. Он заслуживает нашей искренней благодарности и хвалы! В конце попросите Его наполнить вас заново Святым Духом (см.: Ефесянам 5:18).

Анна (восемь лет) молится об освобождении

Мы познакомились с Анной в предыдущем примере. Глубоко в сердце девочки таится гнев на мать, которая бросила их много лет назад. Это чувство вызывает агрессивное поведение и приводит к тому, что девочка попадает во всевозможные неприятности. Давайте представим, что Анна уже получила от Иисуса исцеление и утешение от боли, причиненной матерью, и простила ее, используя молитвы об исцелении. Девочка все еще скучает по маме, хотя понимает, что гнев ничего не изменит, а только причинит еще больше боли. Она хочет освободиться от гнева.

Папа: «Ты хочешь освободиться от этого гнева?»

Анна: «Да, хочу».

Папа: «Давай расскажем Богу, что ты злишься потому, что мама бросила нас».

Анна: «Хорошо. Дорогой Бог, я очень злюсь на маму за то, что она оставила нас. Кажется, я не могу перестать гневаться, но больше не хочу этого. Я хочу быть свободной!»

Папа: «Ты уже простила маму, и Господь забрал твою боль, помнишь? Ты готова попросить у Господа прощения за то, что испытывала гнев и обижала людей, когда злилась?»

Анна: «Да. Господь Иисус, прости меня за гнев и за то, что обижала людей, когда злилась. Пожалуйста, прости меня!»

Папа: «Теперь ты можешь приказать гневу оставить тебя во имя Иисуса Христа».

Анна: «Гнев, я повелеваю тебе уйти из моей жизни во имя Иисуса Христа!»

Во время молитвы Анна ощутила тяжесть в животе. Они продолжали молиться до тех пор, пока она не прошла.

Папа: «А теперь давай поблагодарим Иисуса за то, что Он освободил тебя».

Анна: «Спасибо Тебе, Господь Иисус, за освобождение!»

Другие ключи к свободе

Молитвы об освобождении — это мощный инструмент, который вы можете использовать, чтобы освободить ребенка. Также в нашем распоряжении есть следующие оружия, чтобы победить врага:

- **Слово Божье** (см.: Матфея 4:4).
- **Покориться Богу и принять решение противостать противнику** (см.: Иакова 4:7).
- **Божье поручение** (см.: Марка 16:17).
- **Щит веры** (см.: Ефесянам 6:16).
- **Кровь Иисуса и наше устное соглашение с Богом (слово свидетельства)** (см.: Откровение 12:11).
- **Имя Иисуса** (см.: Луки 10:17).
- **Любовь Божья** (см.: 1-е Иоанна 4:18).

ОБЪЕДИНЕНИЕ МОЛИТВЕННЫХ ИНСТРУМЕНТОВ

Почему необходимы и исцеление и освобождение

Садоводы скажут вам: чтобы избавиться от сорняков, необходимо выполоть все растение. Если вырвать только его видимые части, ваш сад очень быстро станет красивым и опрятным. Но если не потратить время на то, чтобы выкопать корни, не сомневайтесь — скоро бурьян появится снова. Он прорастет из той части растения, которая осталась в почве.

Точно так же, если мы исцеляем эмоциональную боль ребенка, не разобравшись с его реакциями на боль, или не изгоняем бесов, которые пришли с этой болью, дети могут почувствовать себя лучше, однако не освободиться. Но если мы сочетаем различные молитвы, как садовые инструменты, то способны эффективно справиться с различными частями проблемы на глубоком уровне. В этой главе мы рассмотрим пример такого подхода.

Пример комбинированных молитв, чтобы преодолеть отвержение

Помните семилетнего Ноя, о котором мы рассказывали выше? Друг Джо и другие дети в школе смеялись над его ногами и ушами, чем обидели мальчика. Мама заметила это, когда он вернулся домой из школы. А теперь давайте представим другое: женщина узнаёт, что это уже не первый случай. В последнее время Джо и его друзья издевались над Ноем довольно часто. Ной лелеял свою обиду и подпитывал ее, в результате чего стал очень агрессивным дома; родители заметили это и попытались разобраться со сложившейся ситуацией. Когда Ной наконец-то рассказал о происходящем как-то перед сном, папа и мама предложили вместе помолиться об этом.

Может показаться, что мы все слишком упрощаем, но мы все же рискнули и привели расширенный пример того, как может выглядеть сочетание различных духовных инструментов. Очевидно, что когда речь идет об объединении нескольких молитв с вашим ребенком, вам придется реагировать на его слова, чувства (или их отсутствие). Сюда можно отнести разговор или молитву о конкретных вещах, беспокоящих детей, и только уже потом переходить к следующему шагу, либо же дать время для высвобождения эмоций и т. д. Помните: ваша задача как родителя не торопить ребенка и не говорить ему, что он должен или не должен испытывать/чувствовать, а быть каналом Божьей исцеляющей любви, мудрости и благодати.

Иногда о случившемся нужно беседовать и молиться несколько раз, особенно если обида сидит глубоко и уже начала влиять на поведение и мысли ребенка. Молитвы и примеры, что мы предлагаем, являются основой, которую вы можете использовать, чтобы помочь вашему ребенку получить исцеление и свободу.

Начнем с такого инструмента, как молитва об избавлении от боли.

Папа: «Ты бы хотел поделиться с Господом Иисусом глубиной своей боли, как ты только что рассказал мне?»

Ной: «Да. Иисус, мне невыносимо больно, потому что Джо наговорил мне столько плохих вещей. Мне казалось, что он мой друг, но теперь я даже не знаю, нравлюсь ли ему вообще. Он постоянно ужасно со мной обходится. Наверное, я никому в школе не нравлюсь. Я такой глупый!»

Папа: «Положи руку на сердце и попроси Господа Иисуса исцелить твою боль».

Ной: «Пожалуйста, Господь Иисус, исцели эту боль, я снова хочу чувствовать себя нормально».

Папа: «Как ты себя чувствуешь сейчас?»

Ной: «Лучше. Мне уже не так плохо».

Папа: «Ты можешь простить Джо и других ребят за то, что они сделали?»

Ной: «Да. Я прощаю Джо за обидные слова. Я прощаю других детей за то, что они смеялись надо мной».

Если Ной хочет простить, но не может, возможно, ему нужно освободиться от непрощения. Родители могут предложить ему помолиться об освобождении.

Мама: «Прикажи непрощению уйти из твоей жизни во имя Иисуса».

Ной: «Я повелеваю непрощению уйти во имя Иисуса. Я хочу простить, как Христос простил меня!»

Ной разбирается с негативной реакцией на обиду, используя молитвы о реакции.

Папа: «А если ты скажешь Господу Иисусу, что сожалеешь о том, что хранил в сердце негативные чувства к своим обидчикам? Попроси Его забрать эти негативные эмоции».

Ной: «Господь Иисус, мне так жаль, что я ненавидел своего друга Джо и других ребят за сказанное в мой адрес. Пожалуйста, забери эту ненависть».

Папа: «Если ты все еще испытываешь негативное чувство, то можешь приказать духу (гнева, ненависти, отвержения — все то, что ты испытываешь) убираться прочь во имя Иисуса».

Ной: «Я повелеваю ненависти убраться прочь во имя Иисуса!»

Возможно, Ной начал отвергать себя из-за травли, поэтому он использует молитвы об освобождении, чтобы избавиться от чувства отвержения себя.

Мама: «Ты хотел бы поговорить с Иисусом о том, что думаешь о себе?»

Ной: «Иисус, иногда я не люблю себя, когда думаю о сказанном в мой адрес. Я знаю, что Ты любишь меня. Пожалуйста, прости меня».

Мама: «Как ты себя чувствуешь сейчас?»

Ной: «Я знаю, что Иисус любит меня, но я сам себя не люблю!»

Мама: «Давай скажем тому духу, который шепчет тебе эту ложь, что ты больше не хочешь его слушать, поэтому пусть уходит из твоей жизни во имя Иисуса!»

Ной: «Хорошо. Я приказываю духу, навязывающему мне плохие вещи обо мне самом, уйти во имя Иисуса!»

Примечание. Ребенок, прошедший через служение исцеления и освобождения, может нуждаться в помощи, чтобы научиться пребывать в свободе и двигаться вперед. Например, если он освободился от отвержения себя, то мог *привыкнуть* думать плохо о себе, а теперь ему необходимо научиться новому образу мышления и поведения. О том, как помочь детям пребывать в свободе и двигаться вперед, мы делимся в разделе «Дополнительные материалы».

Возможные дальнейшие шаги

Наконец, помните: проблемы могут быть взаимосвязаны. Кроме использования комбинации пяти основных молитв об исцелении и освобождении, вашему ребенку также может понадобиться:

- Разорвать нечестивые эмоциональные и духовные связи. Скажи Богу, что больше не хочешь быть привязан к другому человеку, не хочешь, чтобы он тебя контролировал. Представь, как Иисус разрезает веревки и освобождает тебя. Прикажи любому духу контроля или господства, исходящему от этого человека, уйти, используя молитвы об освобождении.
- Получить физическое исцеление. Положи руку на ту часть тела, которая нуждается в исцелении, и попроси Иисуса исцелить тебя (см.: Марка 16:18).
- Научиться противостоять. Читай Слово Божье и заучивай стихи из Библии наизусть. Старайся угодить Господу своими мыслями, словами, поступками и тем, что ты смотришь. Тщательно выбирай себе друзей.

Минутка для размышления

Просмотрите пять молитв об исцелении и освобождении (см. резюме на с. 211—213).

Как адаптировать приведенный пример, чтобы помочь вам молиться вместе с вашим ребенком об исцелении и освобождении?

ДОПОЛНИТЕЛЬНЫЕ МАТЕРИАЛЫ

ПОМОЧЬ РЕБЕНКУ ПРИНЯТЬ ИИСУСА

Евангелие в пяти цветах

Пять простых цветов помогут детям понять, Кто такой Иисус, что Он сделал для них и как они могут поверить в Него и принять Его в свою жизнь. Чарльз Сперджен использовал приведенный ниже подход в послании к нескольким сотням сирот в 1866 году. Сегодня существует множество вариантов использования цвета для проповеди Евангелия. Вот наш:

Цвет	Напоминает нам	Евангельская истина	Стихи из Библии
Желтый	Золото, солнце, тепло, смайлики	Бог любит нас! Его любовь к нам никогда не закончится. Он готовит для нас место на Небесах	Иеремии 31:3 Иоанна 14:2
Черный	Тьма, темнота, пятна на страницах	Все наши слова, мысли и эмоции, которые не нравятся Богу, называются грехом. Грех отделяет нас от Господа и приводит к смерти. Все люди, в том числе и мы, согрешили. Мы не можем никак решить эту проблему	Римлянам 3:23 Исаии 59:2

Цвет	Напоминает нам	Евангельская истина	Стихи из Библии
Красный	Иисус пролил Свою кровь, когда умер на кресте	Иисус — Сын Божий. Он стал человеком, но никогда не грешил. Христос взял наш грех и наказание за него на Себя, когда умер на кресте. Он сделал это добровольно. Иисус воскрес из мертвых и сегодня жив!	Иоанна 3:16 1-е Коринфянам 15:3-4
Белый	Чистый лист бумаги	Иисус забирает наш грех и дает нам вечную жизнь. Мы можем поверить и принять Его. Сам Бог приглашает нас сделать этот шаг	Иоанна 1:12 Откровение 3:20

Уделите время и ответьте на Его приглашение своими словами или молитвой:

Дорогой Господь Иисус, спасибо за Твою любовь ко мне. Спасибо за то, что умер за меня на кресте. Спасибо за то, что Ты живой сегодня. Пожалуйста, войди в мою жизнь и прости все мои грехи. Я хочу навсегда стать Твоим другом. Аминь!

Цвет	Напоминает нам	Евангельская истина	Стихи из Библии
Зеленый	Трава, все то, что растет	Подобно растениям, мы можем расти в вере. Это происходит, когда мы разговариваем с Богом, читаем Его Слово (Библию), ходим в церковь, чтобы узнавать больше об Иисусе и пребывать с другими людьми, которые любят Его, просить у Него прощения и прощать других, когда это необходимо	2-е Петра 3:18 1-е Иоанна 1:9

УВЕЛИЧЬТЕ ОБЩЕНИЕ

Десять способов стать ближе к ребенку

Общение — это ключ к исцеляющему дому. Скорее всего, ваш ребенок откроется вам, если он привык разговаривать с вами и проводить с вами время. Сделайте своим приоритетом построение отношений «по душам», где дети понимают, что их любят, слышат и защищают. Вот несколько идей, которые вас вдохновят.

1. Начните с малого, начните сегодня

Никогда не рано начать общаться со своим ребенком. Еще не родившийся малыш способен слышать и реагировать на ваш голос уже с шестнадцатой недели беременности. Развиваясь, он может ответить на постукивание пальцем по животу матери несколькими постукиваниями! Также никогда не поздно найти способы более активного общения со старшим ребенком. Если для вас это в новинку, делайте небольшие шаги, например напишите записку с пожеланием ему хорошего дня или расспросите его о том, как прошел день.

2. Будьте щедры на объятия и поцелуи

Дети нуждаются в физическом контакте, поэтому не забывайте побольше обнимать их с самого первого дня. Хотя мальчики постарше могут не ценить проявления ласки на публике, это не значит, что они не ценят объятия дома или поглаживания по спине перед сном. Девочки-подростки особенно нуждаются в отцовских объятиях.

3. Читайте и обсуждайте истории

Сосредоточьтесь на чувствах и эмоциях, которые испытывают персонажи, чтобы в непринужденной форме говорить с детьми о переживаниях. Соотнесите историю с опытом вашего ребенка, задавая вопросы типа: «Ты когда-нибудь испытывал страх, как X в нашей истории, когда случилось Y?» или «Помнишь, когда ты потерял своего плюшевого мишку, тебе тоже было грустно, хотя потом мы нашли его, и ты так обрадовался?»

4. Ешьте вместе

Если возможно, ешьте вместе хотя бы один раз в день. Садитесь за стол, выключив телевизор, мобильные телефоны и т. д. Начните с молитвы, поблагодарите Бога за еду и попросите Его благословить ваше совместное времяпрепровождение. Спросите ребенка о его дне и расскажите ему о своем. Детям интересно, чем занимаются взрослые! Направляйте разговор в сторону ободряющих и укрепляющих веру тем и избегайте негатива, сплетен и критики.

5. Семейное поклонение

Планируйте каждый день проводить вместе время с Богом. Для себя мы поняли, что хорошее время для семейного поклонения — сразу после еды (перед уборкой стола).

Пусть оно длится недолго, однако будьте открыты продолжить общение, если дискуссии станут интересными и дети захотят этого. Начните с чтения отрывка или ключевого стиха из Библии. Мы держим коробку с тридцатью ключевыми стихами возле стола. Даже спустя годы наши мальчики по-прежнему с удовольствием достают их и знают многие стихи наизусть. Уделите время для размышления над Писанием. Затем спросите, хочет ли кто-то сказать что-нибудь по этому поводу. Удивительно, как много глубоких дискуссий о вере произошло у нас с мальчиками в такой непринужденной обстановке. В конце помолитесь вместе, поблагодарив Бога за то, Кто Он есть, и попросите Его о личных и общих нуждах.

6. Играйте вместе

Каждую неделю находите время для чего-то веселого и интересного, что можно делать всей семьей. Необязательно тратить на это много денег и занимать весь день. Это может быть что-то простое, например игра или прогулка в парке. Сюда стоит добавить поход в кафе или какое-то развлечение. Не поддавайтесь соблазну пригласить с собой других взрослых или детей. Речь идет о совместном времяпрепровождении с вашим ребенком.

7. Время один на один

Если у вас несколько детей, постарайтесь общаться с каждым из них отдельно. Удивительно, насколько общение тет-а-тет может помочь ребенку раскрыться. Именно за таким обедом наш сын ни с того ни с сего поделился с Дэниелом своими опасениями о смерти. Наш ребенок обнаружил костлявую часть на груди, которую раньше не замечал, и его восьмилетний ум предположил самое худшее. До этого мы даже не подозревали, что наш сын вообще о чем-либо беспокоится. Но когда отец оказался в полном его распоряжении, это придало нашему мальчику уверенности. Дэниел смог успокоить сына и заверил, что все нормально.

8. Семейный отпуск

Особое время с семьей, например совместные праздники и отпуск, дают уникальную возможность сблизиться и узнать, в каком состоянии находится ваш ребенок. Мы обнаружили, что такое время помогает нам подготовиться на уровне отношений к грядущим бурям и невзгодам из-за плотного рабочего графика. Однако может возникнуть чувство, что после этого вам понадобятся выходные (ситуация способна накалиться), но отношения будут укрепляться. Если вам нравится ездить в отпуск с другими семьями или друзьями, просто убедитесь, что это происходит не каждый раз.

9. Контролируйте СМИ и отдавайте предпочтение альтернативам

Электронные устройства и средства массовой информации могут как мешать, так и помогать общению дома. Контроль над ними требует продуманности, дисциплины и регулярного пересмотра. Поощряйте творческие и активные увлечения ребенка, такие как спорт, музыка, чтение, рукоделие, игры и волонтерство, пробуждающие его интерес к окружающему миру. Участвуйте в них, когда это необходимо и уместно, и рассказывайте о своем опыте. Ищите новые занятия, которые вы можете делать вместе.

10. Смейтесь вместе

Говорят, что «смех — лучшее лекарство». На самом деле это библейский принцип из Книги Притчей 17:22: *«Веселое сердце благотворно, как врачевство…»* Я зациклилась на своей роли родителя и жены. Но когда поняла, что Бог — самая счастливая Личность во Вселенной, и что Он любит веселье и смех, то решила расслабиться и больше смеяться — смеяться над собой, с другими (а не подшучивать над ними) и замечать забавные моменты в жизни. Когда мое отношение изменилось, ушло немало напряжения, а наш дом стал более счастливым и гораздо процветающим местом.

ЧТО ПРОИСХОДИТ НА САМОМ ДЕЛЕ?

Соединить переживание в прошлом и поведение в настоящем

Анализ жизни вашего ребенка — от зачатия до настоящего времени — поможет лучше понять, какие переживания, ситуации и события (причины) из прошлого могут подпитывать текущие проблемы.

Составление биографического обзора

Шаг за шагом вспомните жизнь вашего ребенка. Перечислите все значимые события, ситуации или переживания, которые каким-либо образом причинили боль, вызвали травму или оказались непростыми для него.

Начните с обстоятельств, связанных с зачатием вашего ребенка, как складывались отношения между вами и биологическим отцом или матерью вашего ребенка. Как вы отреагировали на новость о скором прибавлении? Вы оба хотели ребенка?

Вспомните все девять месяцев. Как протекала беременность? Происходило ли в вашей жизни что-то особенно стрессовое или трудное в то время? Вы с радостью ожидали рождения ребенка? Как отреагировали на новость о поле ребенка (если было известно)?

Псалом 138 описывает нерожденного ребенка как человека, которого Бог *«соткал во чреве матери»* (см.: Псалом 138:13). При зачатии ребенок получает дух и душу, а его тело формируется в течение беременности. Ребенок может испытывать эмоции. На него влияет происходящее внутри и вне утробы матери, например желанный ли он или его отвергают.

Существует все больше доказательств того, что младенцы в утробе матери испытывают целый спектр эмоций, а также реагируют на материнские чувства, такие как страх, боль, опасения.

Необъяснимая депрессия, отсутствие желания жить, чувство, что он везде не в своей тарелке, глубокое отвержение или неуверенность в себе у детей и подростков часто связаны с обстоятельствами их зачатия и пребывания в материнской утробе. Честный взгляд на события того времени может стать ключом к их сегодняшнему исцелению.

Теперь подумайте о рождении ребенка. Были ли роды естественными или травматичными? Присутствовал ли на них отец? Как вы отреагировали, когда впервые увидели своего сына или дочь?

Подобным образом «просмотрите» время, когда ваш ребенок только родился, затем — период до трех лет, дошкольный возраст, предподростковый, потом — подростковый и до сегодняшнего дня.

Размышляйте в молитве над каждым возрастом:
- Происходило ли у вас как у родителей что-то особенно напряженное или трудное в жизни и в отношениях в тот период?
- Какие значимые события и переживания, причинившие боль, случились в жизни вашего ребенка в то время?
- Какие ситуации, события могли разрушить его естественные защитные барьеры и открыть ребенка для демонической атаки?
- Были ли в его жизни какие-то «открытые окна», через которые могли войти бесы?

Выявление закономерностей и связей

Запишите все проблемы, с которыми ваш ребенок борется сегодня. Когда они начались? Сравните биографический обзор жизни ребенка с вашими заметками о текущих проблемах. Связаны ли насущные проблемы в хронологическом порядке со значимыми событиями, перечисленными в биографическом обзоре, или с людьми (их деятельностью), с которыми ребенок сталкивался? Случилось ли что-то еще в жизни вашего ребенка перед возникшими проблемами? Ищите закономерности и связи.

Что теперь?

Теперь, когда у вас есть более четкое представление о происходящем и о возможных истоках проблемы, начните молиться о ее корнях, а также о выявленных закономерностях и связях. Разберитесь со своей причастностью к любой из обнаруженных проблем (для этого можно использовать молитвы об исцелении и освобождении). Когда вы становитесь более свободными, ваш ребенок автоматически получает определенную степень свободы.

Молитесь за своего ребенка и просите Господа подготовить его и дать вам правильный момент и слова, чтобы поговорить и помолиться с ним об исцелении и свободе.

Как много стоит рассказывать?

Когда родители связывают текущие проблемы с событиями прошлого, они часто спрашивают, нужно ли поговорить со своим ребенком о случившемся. И если да, то насколько подробно стоит описывать ситуацию/переживание?

Если вы являетесь родителем-одиночкой, вопрос «Почему мама или папа не живут с нами?» может послужить непринужденным началом для подобных откровений. Или же вы можете просто спросить более взрослого ребенка (подростка), когда он стал так сильно грустить. Если он не может вспомнить, предложите вместе помолиться и попросить Господа показать, когда все началось.

Разговор с ребенком на болезненные или травмирующие темы требует мудрости, чуткости и водительства Святого Духа. Вы знаете его лучше всех людей, а Святой Дух знает его еще лучше. Будьте осторожны и не нагружайте детей лишней информацией для получения исцеления и освобождения. Или тем, что может привнести лишнее напряжение в существующие отношения, например, с другим членом семьи.

МОЛИТВЫ ВО ВРЕМЯ БЕРЕМЕННОСТИ

Ваши молитвы жизненно необходимы

В Книге пророка Иеремии 1:5 мы видим, что Бог знает нас и имеет цель для нашей жизни еще до нашего зачатия и рождения:

Прежде нежели Я образовал тебя во чреве, Я познал тебя, и прежде нежели ты вышел из утробы, Я освятил тебя…

В Псалме 138:13, 15-16 мы читаем, что Бог присутствует в нашей жизни при зачатии. Слово говорит, что Он «*соткал меня во чреве матери*» и наблюдает за всем процессом. Господь определяет дни нашей жизни, наделяет нас достоинством, целью и судьбой. Даже если обстоятельства, связанные с зачатием вашего ребенка, оказались неидеальными, Бог все равно видит его. Он вложил в него Свою жизнь и дал цель. Господь относится к ребенку серьезно, как к личности, к духу, душе и телу которой Он может прикасаться, а она — отвечать Ему.

Исцеление и освобождение в утробе

Когда Святой Дух ведет вас, вы можете молиться за своего ребенка, начиная с первых дней беременности. Просите Господа наполнить его Своей любовью и присутствием и помочь идеально развиваться на каждом этапе беременности. Вы можете молиться конкретно об исцелении и освобождении от известных вам проблем, способных повлиять на вашего ребенка. Вот несколько примеров[25].

Если вы знаете, что в вашей семье есть болезни, в том числе аллергии, используйте молитвы об освобождении, чтобы противостоять и приказать им оставить вашего ребенка.

Если один из родителей не хотел детей, попросите у Бога прощения за ваше участие и простите друг друга. Отдайте Ему свои страхи и тревоги и получите Его мир и обеспечение. Решите для себя принять ребенка и благодарите Бога за его жизнь. Помолитесь об исцелении, прося Господа забрать любую боль и обиду и наполнить его Своей любовью. Прикажите духу отвержения или травмы, который пытается закрепиться в жизни ребенка, уйти.

Если вы пережили шок или травму, молитесь об исцелении и освобождении; молитесь о себе, также включите в молитвы вашего нерожденного ребенка. Попросите Бога наполнить его миром и радостью.

Как справиться с демоническими атаками

Ежедневно молитесь о защите вашего будущего ребенка. Решительно противодействуйте любым естественным или демоническим атакам на его здоровье или развитие. Вот два примера для ободрения.

Предотвращение выкидыша

Однажды ночью, когда Эстер была беременна нашим вторым сыном и находилась дома одна, она вдруг почувствовала, что вот-

---

25 Чтобы получить больше информации и водительства в систематической молитве за ребенка во время беременности, мы рекомендуем книгу Френсис и Джудит Макнак *Praying for your unborn child*.

вот потеряет ребенка. Она спросила Господа, как ей молиться, и поняла, что идет демоническая атака на жизнь нашего малыша. Тогда Эстер начала противостоять физическим симптомам и использовала молитву об освобождении, чтобы взять власть над каждым демоническим духом, нападающим на нашего ребенка и пытающимся спровоцировать его преждевременную смерть. Эстер продолжала бороться в молитве около часа, пока я не вернулся домой и не присоединился к ней в молитве. Через десять минут Эстер почувствовала себя абсолютно здоровой! Дальше беременность протекала без инцидентов, а мы регулярно благодарили Бога за то, что «*научил наши руки битве и наши персты брани*» (см.: Псалом 143:1). Поэтому мы смогли распознать атаку и разобраться с ней.

Победа над генетическим заболеванием

Одна пара узнала ужасающую новость — у их будущего ребенка обнаружили генетическое заболевание. Список возможных проблем и прогнозы звучали ужасающе: в лучшем случае ребенку очень тяжело будет учиться в обычной школе. В худшем — он родится инвалидом и не сможет ходить. Когда мы молились вместе, Господь напомнил им слова соседа: «У вас уже есть двое здоровых детей, зачем искушать судьбу?!» Бог показал им, что из-за сказанного в них укоренился страх, что ребенок может быть ненормальным, в результате чего открылось «окно» для демонической атаки. Они покаялись в своем страхе, простили соседа и приказали духам, пытавшимся вызвать аномалии развития, оставить их ребенка. Мать почувствовала движение в утробе, после чего злой дух покинул ее. На протяжении всей беременности они продолжали питать свою веру Божьим Словом и опираться на Его обетования об исцелении — даже тогда, когда в диагнозе не было видимых изменений. Но когда ребенок родился, из длинного списка предполагаемых проблем у него обнаружилась только одна, которую устранили хирургическим путем. В дальнейшем он развивался нормально. Несколько лет спустя врачи заключили, что мальчик полностью здоров, и сняли его с учета.

АДАПТАЦИЯ МОЛИТВ ДЛЯ ДЕТЕЙ РАЗНОГО ВОЗРАСТА

Примечания перед началом

Молитвы об исцелении и освобождении основаны на вечных истинах и применимы к детям любого возраста. Просто измените язык, чтобы он соответствовал уровню развития вашего ребенка и конкретной ситуации. Вот несколько идей, которые помогут вам.

Малыши и детки до трех лет

Молиться об освобождении маленьких детей обычно легко. Билл Бэнкс, опытный служитель в данной сфере, объясняет это тем, что «...личность ребенка, живущая в его душе, еще не пришла в согласие со злым духом». Писание говорит: «*Пойдут ли двое вместе, не сговорившись между собою?*» (Амоса 3:3); «*Раннее освобождение, когда это необходимо, обеспечит здоровое развитие духа, души (разума, воли, эмоций) и тела и предотвратит соглашение или принятие чужеродного духа*»[26].

Мы рекомендуем молиться, когда вы держите ребенка на руках или когда он спит. Ребенок может открыть глаза или ненадолго проснуться, пока дух выходит из него, а затем сразу же заснуть.

---

[26] *Deliverance for Children and Teens* by Bill Banks, p. 112, Impact Books, Kirkwood, 1989.

Если дух пришел по семейной линии и не был изгнан из утробы матери, то сейчас самое время помолиться семейными молитвами.

Дошкольники (четыре — шесть лет)

Когда вы молитесь с маленькими детьми, используйте простую лексику. Например, вы можете сказать ребенку, которого беспокоит дух страха: «Давай скажем *тому, что* заставляет тебя бояться, уйти во имя Иисуса». Полезно держать ребенка на коленях во время молитвы, если он так хочет. Ребенок почувствует себя в безопасности и любви. Однако иногда дети могут забраться под стол или кровать либо, например, начать кричать, потому что демонический дух сопротивляется молитве. Спокойно возьмите власть в своем духе над проявляющейся демонической силой и прикажите ей отпустить ребенка.

Будьте мягкими, но решительными. Когда бес выходит, дети могут зевать, кашлять или просто повеселеть и захотеть снова играть.

Подготовьте маленького ребенка к молитве, рассказывая ему библейские истории об Иисусе, в которых основное внимание уделяется Его доброте, тому, как Он любил людей, помогал и исцелял их, позволял детям приходить к Нему и сидеть у Него на коленях. Используйте красоту творения вокруг, чтобы показать маленькому ребенку, насколько Бог добрый и могущественный. Обратите внимание на то, что хотя Господь великий, в Библии говорится, что Он знает нас по имени и знает, сколько волос у нас на голове. Творец интересуется нашими домашними животными и заботится о созданном мире, посылая дождь и давая нам пищу.

Дети постарше (семь — двенадцать лет)

Система нравственных ценностей и фундаментальное понимание истины, честности, справедливости, морали и этики формируются у ребенка, предположительно, к девяти годам. Начиная с десяти лет, большинство людей просто уточняют свои взгляды, не меняя при этом основных убеждений[27]. Имейте это в виду, когда служите старшему ребенку. Обращайтесь к разуму и воле детей и воспринимайте их серьезно, относитесь к ним как к разумным, мыслящим личностям. Помогите им понять истины, которые кроются за молитвами, и причинно-следственную связь существующих проблем.

Не стоит оказывать давление на ребенка, если он не хочет молиться об освобождении. Не стóит заставлять его молиться, потому что может начаться бунт. Если это ваш ребенок, молитесь и ходатайствуйте за него на расстоянии и продолжайте проявлять к нему безусловную любовь.

Подростки

Если на протяжении многих лет вы закладывали фундамент для отношений «по душам» со своим ребенком, то вполне естественно продолжать говорить и молиться с ним о проблемах, даже когда он достигнет подросткового возраста. Так что не отступайте слишком рано! Мы пришли к выводу, что полезно назначать встречу с нашими старшими подростками, чтобы обсудить и помолиться о проблеме, с которой они борются. Поощряйте их все чаще и чаще молиться об исцелении и освобождении самостоятельно.

Подростки получают огромную пользу, когда в их жизни участвуют другие люди. Кроме исцеляющего дома, важно иметь в окружении людей, которые послужат примером для вашего подростка — молодежные лидеры или благочестивые родственники могут стать жизненно необходимы в эти трудные годы. Пусть посещение хорошей церкви каждую неделю станет вашим приоритетом. Выбери-

---

[27] Основано на исследовании *Barna Group* (www.barna.org). Джордж Барна обсуждает эти и другие интересные открытия в своей книге *Transforming Your Children Into Spiritual Champions*.

те место, куда вашему подростку нравится ходить и куда он может привести хороших друзей-христиан. Если необходимо, отложите свои собственные предпочтения в богослужении; духовные потребности вашего подростка на данном этапе более важны.

Подумайте о том, чтобы ваш сын по возможности посещал хорошие христианские лагеря. Подростки часто открываются взрослым и друг другу в особой атмосфере лагеря. Например, в одном из лагерей, куда ездили наши сыновья, Святой Дух сошел на многих ребят, высвобождая сдерживаемую боль в одних и изливая огромную радость в сердца других. Также поощряйте подростков молиться друг за друга. В том же лагере Господь сказал двенадцатилетнему подростку пойти и помолиться за одного парня. Он позвал на помощь нашего сына. Они нашли пятнадцатилетнего подростка на кровати в слезах. Ребята поинтересовались, что произошло, и он открылся им. Поделившись опытом из собственной жизни, они смогли ободрить мальчика и привели его к взрослому члену команды для оказания дальнейшей помощи. С тех пор жизнь парня изменилась.

Если отношения между вами и вашим подростком накалены или даже разрушены, возможно, ему целесообразно регулярно общаться о проблеме и прорабатывать ее со служителем-молитвенником, который вызывает доверие. Уважайте их личную жизнь и не пытайтесь давить на подростка или консультанта, чтобы они поделились деталями разговора. Ваш подросток должен чувствовать, что может открыться кому-то и быть уверенным, что информация не станет известна вам! Если вы оказались в подобной ситуации, скорее всего, вам не помешает параллельное консультирование, во время которого вы сможете решить любые связанные с этим проблемы в вашей жизни. По мере того как вы оба будете обретать больше свободы, ваши отношения друг с другом начнут улучшаться.

ИСЦЕЛЕНИЕ ОТ СЕКСУАЛЬНОГО ПРИСТРАСТИЯ

Концепция восстановления

Большинство детей сегодня растут в мире, где сексуальность лезет из всех щелей. Им нужна помощь в навигации по сексуальным «минным полям», потенциально способным взорваться прямо перед ними и оставить шрамы и раны. Они также нуждаются в достаточно сильных родителях, способных поддержать, если что-то пойдет или уже пошло не так. Дети, которые сломлены в сексуальном плане или борются с сексуальными грехами, например заходят слишком далеко в физических отношениях с мальчиком или девочкой либо увлеклись порнографией, часто чувствуют себя недостойными и ненавидят себя.

История Джейка

Джейк рассказал, что в церкви постоянно слонялся на задворках. Ему хотелось участвовать в жизни общины и быть вместе с другими подростками, но он чувствовал себя недостойным из-за пристрастия к порнографии. Мы объяснили ему, как можно исповедать свой грех и получить Божье прощение. А затем освободили его от бесов, которые вошли в него через то, что он смотрел. Потом мы стали обсуждать стратегии, как избежать искушения, и ободряли его сосредоточиться на укреплении своей идентичности как сына Божьего. Джейк осознал: не нужно быть совершенным, чтобы стать частью церкви, общаться с верующими ребятами и начать служить Богу своими дарами.

Быть рядом с ребенком

Некоторые христиане полагают, что сексуальные грехи представляют собой отдельную категорию ужасных грехов. Однако в действительности они необязательно хуже других грехов. Скорее, глубокая связь между интимными отношениями и идентичностью человека делает такой грех потенциально более разрушительным, а его последствия — более далеко идущими, чем у других грехов. Речь идет не только о риске забеременеть и подцепить заболевания, передающиеся половым путем. За годы служения мы помогли таким молодым людям, как Джейк, найти путь к духовному здоровью и целостности, когда сексуальный грех или сломленность угрожали погубить их.

Поэтому, если ваш ребенок испытывает трудности, не отступайте и не оставляйте его самого разбираться со своими неприятностями. Не осуждайте детей и не отталкивайте их. Пройдите этот путь рядом с ними в смирении и любви. Установите границы и нормы поведения в вашем доме. Усердно молитесь. Используя духовные инструменты, молитесь вместе с ними и помогайте им найти свой путь к полноте и свободе.

Пять шагов, которые помогут разобраться с сексуальным грехом

Что делать, если вы обнаружили, что ваш подросток борется с сексуальным грехом? Возможно, он пристрастился к порнографии или запутался в отношениях с противоположным полом, которые вышли из-под контроля. Прежде всего, сохраняйте спокойствие *и дайте подросткам понять, что любите их, независимо от их поступка или возможных действий.* Обязательно продолжайте общаться. Поощряйте их как можно скорее разобраться с возникшей проблемой. Используйте следующие шаги, чтобы направить детей к прощению и восстановлению:

1. Исповедуй свой грех и отвернись от него. Попроси у Бога прощения и прими его. Прости себя. Наладь отношения с другими, если это необходимо (используйте молитву о прощении).

2. Исцелись от ран, причиненных людьми, которые связаны со сложившейся ситуацией (используйте молитвы об избавлении от боли и/или молитвы о воспоминаниях. В случае надругательства смотрите главу «Исцеление от последствий сексуального насилия»).

3. Молись об освобождении от любых духов, вошедших через сексуальный грех (используйте молитвы об освобождении).

4. Оборви все связи с другим человеком. Скажи: «Я отрезал себя от (имярек)». Тебе также могут понадобиться молитвы об освобождении от господства и контроля со стороны сексуального партнера (используйте молитвы об освобождении).

5. Если ребенок борется с грехом, связанным с разрушением сексуальной идентичности, кроме покаяния и освобождения, ему может понадобиться эмоциональное исцеление. Например, если его отвергли еще во время беременности, потому что ребенок оказался не того пола. Или если он подвергся сексуальному насилию со стороны человека того же пола; или когда в семье доминировал один из родителей (используйте молитву об избавлении от боли и об освобождении).

Как преодолеть сексуальные искушения

Разбираться с сексуальным грехом в молитве жизненно важно, но вы также должны помочь своему подростку не возвращаться к нему снова. Вот несколько рекомендаций по этому поводу.

Проанализируйте случившееся. Помогите ребенку разобраться в том, почему и как он попал в ситуацию, которая привела к сексуальному греху, чтобы выработать стратегию, как избежать повторения ошибки. Если вы несете какую-либо ответственность за случившееся, извинитесь и попросите у него прощения.

Фокусируйтесь на идентичности во Христе. Укрепляйте знания детей о том, кем они являются во Христе (идентичность) и поощряйте их хранить Божье Слово в своем сердце (см.: Псалом 118:10-11). Как наша идентичность влияет на то, как мы обращаемся со своим телом и телом других людей? Что значит быть храмом Бога живого? (см.: 1-е Коринфянам 6:19). Ребенок, который точно знает, кем он является во Христе, мощно оснащен и находится в правильном положении, чтобы двигаться вперед в чистоте и противостоять сексуальному искушению.

Решайте заранее. Поговорите со своим ребенком о важности заранее принять решение, как он собирается себя вести, а не в порыве чувств, когда гормоны сводят с ума, а любопытство достигло пика.

Избегайте искушений. Приучите ребенка избегать искушающих ситуаций. Установите несколько основных правил, например не оставаться дома наедине с девушкой или парнем. Научите детей уводить взор от сексуального соблазна, то есть сразу же отворачиваться от рекламы секс-игрушек, или нижнего белья, или от проходящих мимо девушек в вызывающей одежде.

Жизнь в чистоте

Задумайтесь: насколько реально поощрять своих детей оставаться чистыми в современном мире и ожидать от них этого?

В конце концов, порнография находится всего в одном клике, а переспать с парнем/девушкой кажется в порядке вещей. Какие шансы есть у вашего ребенка? Разве это не заранее проигрышная битва? Абсолютно нет! Жить в чистоте возможно! Это угодно Господу и позволит избежать душевной боли в будущем. Но для успеха необходимо знать Божьи стандарты и придерживаться их. Также детям и подросткам нужны поддержка и ободрение родителей и по возможности благочестивых друзей.

В дополнение к пунктам, которые мы рассмотрели выше, следующие ключи также помогут вам (заново) заложить здоровые основы для сексуальной целостности в жизни вашего ребенка.

Открыто и непринужденно беседуйте с ребенком о его теле. Наши тела не грязные — это храм Святого Духа! Секс не нечист — это прекрасный дар Божий! Нам не нужно избегать данной темы, или говорить о ней приглушенным тоном, или использовать странные кодовые названия для частей тела и полового акта.

Стойте на том, что сексуальная идентичность является Божьим замыслом: «…*мужчину и женщину сотворил их, и благословил их, и нарек им имя: человек, в день сотворения их*» (Бытие 5:2). Поговорите со своими детьми о том, как хорошо, что Бог создал их такими, какие они есть. Расскажите им, что мы, мужчины и женщины, дополняем друг друга, образуя единое целое; и хотя мозг мужчины и женщины работает по-разному, они все равно дополняют друг друга. Такая информация нравится детям, особенно мальчикам предподросткового и подросткового возраста, она буквально поражает их воображение. Вы можете отлично провести с детьми время, изучая эту тему вместе!

Научите своего ребенка высоко ценить секс. Бог задумал секс как мощную объединяющую силу, источник огромного удовольствия и сосуд для зарождения новой жизни. Однако Господь поместил Свой дар в брачный завет, чтобы благословение не превратилось в разрушительную силу за его пределами. Дети чувствуют себя более раскованно, когда слышат правду, а не верят в то, что навязывает мир. Поэтому не позволяйте в своем доме обесценивать и унижать секс грубыми шутками или дешевыми фильмами. Будьте умнее и помогите своему ребенку понять, что стоит на кону.

Моделируйте уважительное отношение к представителям противоположного пола. Смотрите на то, что такое настоящая любовь и как Иисус выразил ее, отдав Свою жизнь за невесту, Церковь, частью которой мы являемся. Когда ребенок видит пример в родителях, знает и понимает, что такое настоящая любовь, это поможет ему принимать осознанные, библейские решения относительно своей сексуальности, а не просто следовать за толпой.

ИСЦЕЛЕНИЕ ОТ ПОСЛЕДСТВИЙ СЕКСУАЛЬНОГО НАСИЛИЯ

Шаги к исцелению и освобождению

Сексуальное насилие оставляет глубокие раны в душе ребенка. Оно влияет на его отношение к себе и к другим людям. Восстановление после него может потребовать времени. Сексуальное насилие может происходить с прикосновениями (например, неуместное обращение с гениталиями взрослого или ребенка либо вовлечение ребенка в сексуальные действия) и без прикосновений (например, показывать ребенку гениталии, наблюдать за тем, как он раздевается, показывать порнографические материалы).

Если оставить раны от сексуального насилия гноиться, они могут оказать разрушительное воздействие на такие ключевые сферы развития, как эмоциональное здоровье, сексуальная идентичность и отношения в будущем. В ваших силах помочь своему ребенку преодолеть травму, полученную в результате сексуального насилия, с помощью молитв об исцелении и освобождении. Если вы подозреваете, что насилие происходит, но не уверены в этом, воспользуйтесь приведенным ниже проверочным списком симптомов, чтобы получить дополнительную ясность.

Возможные признаки сексуального насилия у детей:

- Необъяснимые резкие перемены в характере ребенка или поведении, например агрессия, замкнутость, смена настроения.
- Несоответствующее возрасту сексуальное выражение без очевидного источника, например в словах, рисунках, ролевых играх.
- Физические признаки, такие как болезненность, синяки вокруг гениталий, ануса или рта, выделения.
- Постоянная боль или трудности с мочеиспусканием или опорожнением кишечника.
- Возвращение к проблемам раннего возраста, например к энурезу.
- Нарушение самоидентификации.
- Чрезмерный уход в мир фантазий.
- Необъяснимый страх перед определенными местами или людьми.
- Кошмары, проблемы со сном.
- Перемены в аппетите.

Если у вашего ребенка наблюдается несколько таких симптомов, присмотритесь к нему повнимательнее. И обязательно отнеситесь серьезно к тому, что он вам рассказывает, независимо от того, насколько маловероятным или незначительным это может казаться. Будьте готовы принять меры, чтобы защитить ребенка от дальнейшего насилия.

Если вы знаете, что ваш ребенок подвергся сексуальному насилию, используйте следующие шаги, чтобы справиться со своей реакцией и помолиться об его исцелении и освобождении. Сексуальное насилие — это серьезная проблема, после которой требуется время для восстановления. Шаги, предложенные ниже, нелегко выполнить! Выделите на это себе время и при необходимости повторите их.

Шаги для родителей

1. Отдайте свой гнев и боль Иисусу на крест

Библия говорит, что Он понес на Себе все наши грехи и боль (см.: Исаии 53:4). А значит, нет такой боли и страданий, которые Иисус не пережил. Он страдал для того, чтобы вы и ваш ребенок были свободны. Поэтому мы допускаем, что Он также подвергся сексуальному насилию со стороны римских солдат перед распятием.

2. Простите человека, который надругался над вашим ребенком

Это может быть болезненный процесс, требующий времени и решимости, особенно если обидчик оказался человеком, которого вы знали и доверяли. К счастью, Иисус сказал, что мы можем прощать «семьдесят раз по семь». Следовательно, Он знает, что прощение иногда дается очень трудно! Полезно говорить «Я прощаю тебя» всякий раз, когда этот человек и его поступок приходят на ум, что может быть неоднократно.

3. Простите себя при необходимости

Вы можете чувствовать вину за то, что не остановили жестокое обращение. Хотя часто получается так, что ни вы, ни кто-либо другой никак не могли остановить насилие. Тогда может возникнуть ложное чувство вины. Отбросьте его и перестаньте винить себя. Если же вы действительно в чем-то виноваты, попросите у Бога прощения, а также простите себя.

4. Обеспечьте безопасность вашему ребенку

Подумайте, уместен ли судебный иск, какие практические шаги вы можете предпринять, чтобы обеспечить безопасность вашему ребенку (и безопасность другим детям) в будущем. Также, вероятно, вашему ребенку понадобится медицинское обследование на предмет болезней, передающихся половым путем.

Шаги для детей (с заметками для родителей)

Служение ребенку, подвергшемуся сексуальному насилию, требует большой любви, мудрости и заботы. Вам придется использовать комбинацию молитв, представленных ниже в упрощенной форме в виде девяти шагов. Если ребенок испытывает трудности с конкретным шагом, вернитесь к соответствующему молитвенному инструменту и проработайте этот шаг более подробно до тех пор, пока ребенок не будет готов двигаться дальше.

1. Осознай: в случившемся нет твоей вины.
Жертвы сексуального насилия часто чувствуют себя виноватыми, например: «Должно быть, я что-то сделал и заслужил это». Возможно, обидчик использовал угрозы или лакомства, чтобы получить желаемое. Проработайте вопросы, связанные с чувством вины. Объясните, что то, как поступил с ним тот человек, неправильно. Независимо от того, считает ли ребенок, что сам это допустил или нет, факт остается фактом — обидчик переступил границу, которую не имел права переступать.

2. Отдай свою боль Иисусу на крест и попроси Его забрать ее.

3. Отдай Иисусу любые эмоции, которые беспокоят тебя и связаны с насилием, например страх, гнев, злость, ощущение нечистоты.

4. Прости насильника за содеянное.

5. Прости родителей или других взрослых (если это обоснованно), например, за то, что не защитили тебя.

6. Скажи, что ты хочешь освободиться от человека, который надругался над тобой, во имя Иисуса Христа. Представь, как Господь большими ножницами разрезает веревки, связывающие тебя с обидчиком.

7. Прикажи всему, что пришло в твою жизнь через надругательство, оставить тебя во имя Иисуса Христа.

Бесы могут воспользоваться тем, что естественный защитный барьер жертвы разрушен в результате глубокой раны из-за сексуального насилия, и войти в жизнь ребенка. Распространенные духи, сопровождающие сексуальное насилие, это: само по себе насилие (которое стремится привлечь еще большее насилие), отвержение другими и отвержение себя, сексуальная нечистота и извращения, доминирование, жестокость, страх, паника, злость, гнев, нарушение самоидентификации, депрессия и самоубийство.

8. Разберись со своей реакцией на насилие.

Когда произошло сексуальное насилие, ребенку или подростку, возможно, следует раскаяться в том, что он затаил ненависть к обидчику. Если дети сами совершили сексуальный грех в результате того, что пришло в них через насилие, им все равно нужно покаяться и отвернуться от этих грехов. Подросткам может понадобиться больше разговоров, чтобы понять связь между сексуальным насилием в прошлом и любой демонической сексуальной зависимостью, с которой они борются сегодня.

9. Узнай больше, кем ты являешься во Христе.

Сексуальное насилие — это, по сути, глубокое отвержение. Насильника не интересует жертва и то, что для нее лучше. Он или она использовали ребенка с целью получить желаемое. Как родитель, напоминайте своему ребенку о том, как много он значит для вас, как сильно вы его любите и цените. Учите детей тому, что во Христе они любимы, избраны и драгоценны. Кто-то из детей спрашивает: почему Бог не защитил меня от насилия, если Он так сильно любит? Объясните, что Господь дал людям свободу воли, а значит, не может помешать им использовать ее для причинения вреда другим людям, иначе это не было бы свободой воли. Причиняя боль другим, люди также ранят и Его. Именно поэтому Бог придумал выход, как получить исцеление и освобождение от последствий греха других людей, умерев на кресте и взяв на Себя все грехи и боль.

ПРОБЛЕМЫ В СЕМЬЕ

Молитвы о семейных проблемах

Такие выражения, как «яблоко от яблони недалеко падает» или «какова мать, такова и дочь», используются для описания ребенка, который похож на родителя внешностью, поведением, отношением или способностями. Мы не в силах изменить определенные унаследованные физические особенности, такие как длинные или короткие ноги, карие или голубые глаза, но мы можем помочь нашим детям освободиться и избавиться от любых негативных тенденций, присутствующих в семье.

К концу своей жизни, в отличие от своего отца царя Давида, царь Соломон отступил от Господа[28]. Цари, пришедшие после Соломона, оказались перед выбором: следовать за Богом или предаться грехам своих предков[29].

А значит, независимо от того, что члены нашей семьи, живые или умершие, делают или делали, у каждого из нас есть выбор — идти за Господом и служить Ему. Мы можем выбрать свободу от последствий грехов наших предков, от последствий грехов, совершенных против них, и от любых бесов, получивших в результате происходящего доступ к нашей семье.

---

[28] См.: 3-я Царств 11:9-10.

[29] Например, Авия (см.: 3-я Царств 15:1-3); Аса, сын Авии (см.: 3-я Царств 15:9-11).

Семейные склонности

Мы можем молиться об исцелении и освобождении от проблем в семье, передающихся по роду, еще в утробе матери, или сразу после того, как мы узнаем о существующих связях. Это поможет детям преодолеть семейные трудности, противостоять склонности к греху в областях, общих для всей семьи, и получить исцеление от наследственных болезней.

Примеры семейных духов, с которыми мы сталкивались в нашем служении, включают бесов гнева, лжи, депрессии, неполноценности, гордости, непрощения, жестокости, бунтарства, алкоголизма, оккультных сил, жестокого обращения, неверности, рождения и воспитания детей как родитель-одиночка, страха и фобии, а также бедности. Если в вашей семье существует проблема, вероятно, образовались демонические твердыни. От них необходимо избавиться, используя молитвы об освобождении.

Мы не можем обвинять во всех своих проблемах родственников или грехи наших предков. Обстановка в доме также формирует определенное поведение и образ мыслей. Дети учатся делать что-то, наблюдая за тем, как это делают их родители. Следовательно, каждый из нас *волен выбрать другой путь*. Поэтому помните: что мы не наследуем грех, однако дух семьи может попытаться подтолкнуть нас к нему. Другими словами, нам передается склонность к определенному греху, которая усугубляется примером, подаваемым нам членами семьи.

Чтобы успешно разрушить демонические твердыни, действующие в семье, возьмите на себя полную ответственность, где это необходимо, за свою роль в культивировании тех же грехов, которые совершали ваши предки. Как только вы освободитесь от духов, действующих в семье, через молитвы о семейных проблемах, научи́тесь по-новому мыслить и вести себя в соответствии с Писанием и передайте это своим детям. Возможно, вам придется пойти против того, во что верят все члены вашей семьи и что они продолжают делать. Будьте тверды! Свобода для вас и вашего ребенка стоит того!

Исцеление от наследственных заболеваний

Мы обнаружили, что многие наследственные заболевания имеют демонический компонент.

Например, Дэниел получил исцеление и освобождение от аллергического ринита (сенной лихорадки) до нашей свадьбы. Мы знали, что аллергия присутствует с обеих сторон в нашей семье, поэтому молились о каждом нашем ребенке, когда он был еще в утробе. Мы провозглашали, что Христос взял на Себя все аллергии и болезни наших детей и понес их на кресте; что, согласно Исаии 53:4-5, их духовным наследием во Христе является здоровье. Когда мы молились так, Эстер часто зевала. Мы продолжали просить Бога, пока она не перестала зевать и не почувствовала мир и легкость в душе.

Затем мы просили Бога о физическом исцелении от всех аллергий, веря, что Господь освобождает наших нерожденных детей. И действительно, за исключением редких приступов аллергического ринита у двух сыновей, которым мы противостояли молитвой и кратковременным приемом антигистаминных препаратов, они все свободны от аллергии во славу Божью!

Семейные молитвы просты, но действенны. Поэтому, если в вашей семье есть наследственное заболевание, предлагаем вам использовать этот молитвенный инструмент, чтобы при необходимости сначала освободиться самому, а затем молиться вместе с ребенком или от его имени.

Когда выходит дух, который кроется за болезнью или состоянием, важно молиться и о физическом исцелении. Как последователи Христа, мы уполномочены исцелять болезни (см.: Марка 16:18). Вы можете молиться об исцелении, возложив руку на ребенка и произнося слова Писания об исцелении, например

Исаии 53:4-5. Поощряйте ребенка помолиться такой молитвой за себя:

Спасибо, Господь Иисус, за то, что забрал мою болезнь на крест. Спасибо за то, что ранами Твоими я исцелен!

Общая молитва

Знание истории своей семьи поможет вам понять, о чем молиться. Возможно, вы не знаете многих подробностей, но обнаружили проблемы, с которыми вы (ваш ребенок) боретесь сегодня. Общая молитва, приведенная ниже, поможет вам начать заниматься ими. По мере возникновения новых вопросов или прояснения ситуации используйте молитвы о конкретных семейных проблемах. Просто добавьте любую имеющуюся информацию, где это необходимо:

Дорогой Бог, я прощаю всех своих предков за любые совершенные ими грехи, которые открыли нашу семью для демонических твердынь, проклятий, болезней или склонности к определенным грехам. Я прощаю всех, кто согрешил против моей семьи и моих предков, кто обманывал, совершал насилие, злоупотреблял, проклинал или каким-либо образом причинял им вред или открывал их для демонической активности. Я освобождаю себя от любых бесов, стоящих за проблемами в моей семье. Я отрекаюсь от вас и повелеваю вам уйти во имя Иисуса. Я разрушаю все проклятия над моей жизнью, связанные с моими предками. Я повелеваю каждому бесу болезни, действующему в моей семье, уйти. Прошу Тебя, Господи, исцелить меня кровью Иисуса Христа, Спасителя моего, пролитой за меня на кресте. Я заявляю, что я — ребенок Божий, и мое духовное наследие — во Христе Иисусе. Во имя Иисуса Христа. Аминь!

Молитвы о семейных проблемах

Приведенные ниже молитвы о семейных проблемах могут помочь вашему ребенку преодолеть конкретные проблемы, которые существуют в семье. Обратите внимание, что приведенные ниже молитвы похожи на молитвы об освобождении, за исключением дополнительного шага в конце — молитвы о физическом исцелении, если это необходимо, например, в случае наследственных заболеваний. Следующий пример дает представление о том, как использовать такие молитвы.

Ник молится о семейных проблемах

У четырнадцатилетнего Ника существует проблема с гневом. Он хочет избавиться от нее. Его мать тоже испытывала гнев и поняла, что он передается по линии отца. Женщина разобралась с этим чувством, используя молитвы о прощении и освобождении. С тех пор она гораздо лучше контролирует свой гнев и научилась реагировать иначе.

Сейчас Ник тоже хочет получить освобождение. В примере ниже мама направляет его в молитвах о семейных проблемах.

Мама: «Ты знаешь, что дедушка страдал от ужасных приступов гнева? Ты можешь простить его за то, что он открыл нашу семью для духа гнева?»

Ник: «Дорогой Бог, я хочу избавиться от этого чувства. Да, я прощаю своего деда за его гнев, который открыл нашу семью для духа гнева».

Мама: «Попроси Иисуса простить тебя за твой гнев и за то, что обижаешь и ранишь других людей, когда злишься».

Ник: «Господь Иисус, я сожалею о том, что злился и обижал людей. Пожалуйста, прости меня».

Мама: «Прикажи духу гнева оставить тебя во имя Иисуса».

Ник: «Я приказываю духу гнева уйти из моей жизни во имя
         Иисуса Христа! Я больше не хочу так злиться. Мое насле-
         дие в Иисусе — самоконтроль и мягкость, а не злость».

Ник и мама продолжают приказывать духу гнева уйти во имя
Иисуса до тех пор, пока он не уходит и пока Ник не почувствовал
мир. Затем они вместе благодарят Бога:

Мама: «Давай поблагодарим Бога за освобождение».
Ник: «Спасибо, Господь Иисус, за то, что освободил меня! Помо-
         ги мне контролировать свои эмоции в будущем!»

МОЛИТВЫ О СЕМЕЙНЫХ ПРОБЛЕМАХ

1. Прости своих родственников, живых или умерших, за то,
    что передали тебе склонность к определенным грехам, бо-
    лезням или другим проблемам.
2. Попроси Бога простить тебя, когда ты вел себя точно так же
    или каким-то другим образом держался за дух семьи.
3. Прикажи духу оставить тебя во имя Иисуса.

Ты можешь сказать...

1. **Иисус,** я прощаю… за то, что передал мне склонность к…»
2. **Пожалуйста,** прости меня за мое участие в…»
3. **Я приказываю** этой проблеме, болезни (греху)… от…
    оставить меня во имя Иисуса Христа!»

«Спасибо, Иисус, за то, что освободил меня!»

При наследственных заболеваниях

После этого помолитесь о физическом исцелении.
Поблагодарите Иисуса за то, что Он понес все болезни на кресте, и за то, что Его ранами ваш ребенок исцелен.

Вы можете сказать:

«Спасибо Тебе, Господь Иисус, за то, что понес на Себе мои болезни. Ранами Твоими я исцелен!»

«Иисус, спасибо Тебе за исцеление!»

ПОМОЧЬ ДЕТЯМ ОСТАВАТЬСЯ СВОБОДНЫМИ И ИСЦЕЛЕННЫМИ

Думай, как Иисус, ходи с Иисусом

Один наш друг-миссионер работал в таком уголке мира, где похищения людей и взрывы — привычная часть жизни. Однажды наши дети спросили его, боится ли он жить в таком месте. «Я знаю, кто я во Христе. Бог дал мне власть совершать определенную работу. Люди не властны надо мной, и они не управляют моей судьбой. Поэтому я не боюсь и не беспокоюсь», — ответил он. На первый взгляд такое утверждение может показаться наивным, но на самом деле оно коренится в понимании нашей идентичности и власти, которые мы имеем как последователи Христа.

Детям не нужно ехать в отдаленные и опасные места, чтобы подвергаться риску. На протяжении всей этой книги мы видели, что они сталкиваются с достаточным количеством боли, обид и духовных атак в своем регионе. Мы предлагаем идеи и мощные инструменты, которые помогут разобраться с этими вопросами в каждой сфере жизни. Однако для того, чтобы оставаться свободным и продолжать двигаться вперед с Иисусом, вашему ребенку необходимо знать:

- Кем он является во Христе (идентичность).
- Свою власть, основанную на его идентичности во Христе.
- Как жить каждый день в силе Святого Духа.

Идентичность

Существует история о спасенном птенце кондора (американского грифа). Он рос и копошился в загоне для кур в деревне в Андах. Однажды другой кондор пролетал у него над головой, и что-то внутри молодой птицы всколыхнулось. Он расправил крылья, оторвался от земли и стал подниматься все выше и выше, пока не понял, что летит! Птенец покинул жалкий курятник, который долгое время был его домом. Внезапно все приобрело смысл. «Неудивительно, что я никогда не чувствовал себя там своим, — подумал он. — Я никогда не был цыпленком, предназначение которого плавать в бульоне. Я с самого начала был кондором, созданным для того, чтобы парить!»

Дьявол предпримет все возможное, чтобы помешать детям понять свою идентичность во Христе. Он хочет, чтобы они продолжали клевать землю, ища объедки, тогда как на самом деле они — дети Царя. Будучи духовно живыми, они — храм Святого Духа и имеют отношения с Богом, имеют разум Христа, и все небесные богатства доступны им; их судьба — летать!

Возможно, ваш ребенок поверил в ложь о себе в результате тех ситуаций и переживаний, от которых он получил исцеление и освобождение. Дети должны научиться думать правильно. Библия называет такой процесс «обновлением нашего ума» (см.: Римлянам 12:2). Когда разум ребенка обновляется, он приобретает привычку думать и верить в то, что говорит о нем Бог, а не в ту ложь, которой его кормит дьявол. Выберите соответствующие ключевые стихи. Выучите их наизусть и начните произносить их вместе.

Ключевые стихи о нашей идентичности:

- Бог любит нас (см.: Иоанна 3:16).
- Мы — дети Божьи (см.: Иоанна 1:12).
- Бог прощает нас (см.: 1-е Иоанна 1:9).

- Иисус Христос живет в нас (см.: Галатам 2:20).
- Ничто не может отлучить нас от любви Божьей (см.: Римлянам 8:35-39).
- Бог защищает нас (см.: Псалом 143:2).
- Господь забирает наш страх (см.: Псалом 33:5, в английском переводе: «…и от всех страхов моих избавил меня». — *Прим. переводчика*).
- Бог исцеляет нас (см.: Псалом 102:3).
- Господь утешает нас (см.: Исаии 57:18).
- Бог принимает нас (см.: Псалом 26:10).
- Господь за нас (см.: Римлянам 8:31).
- Бог никогда не оставит нас (см.: Второзаконие 4:31).
- Мы все можем в Иисусе Христе (см.: Филиппийцам 4:13).

Примечание. Идентичность не следует путать с дарами и призванием. Бог дал каждому ребенку дары и способности. Часто они связаны с тем, что Господь предопределил человеку делать в жизни (призвание). Ребенок нуждается в сильном духовном самоопределении, основанном на Писании и на том, что Бог говорит о нем для исполнения своего призвания. Однако детям также необходимо узнать, кто они, что у них получается и что им интересно в жизни. Дайте им возможность попробовать как можно больше разных занятий и применить свои знания и умения.

Власть

Сторожа, отвечающего за большое здание, обычно слышно за много метров по звуку большой связки ключей, звенящих у него на поясе! С их помощью он открывает и закрывает комнаты. Точно так же Иисус поручил нам определенную работу в Его Царстве и дал соответствующие инструменты для ее выполнения. Он провозгласил: «*…что свяжешь на земле, то будет связано на небесах…*» (Матфея 16:19). Только задумайтесь: наше слово обладает такой властью и силой, что мы действительно способны связать что-то, не пошевельнув и пальцем и не применяя какую-либо силу.

Учите детей использовать имя Иисуса, а также научите их следующим местам Писания и поощряйте произносить их во время трудностей:

Ни одно орудие, сделанное против тебя, не будет успешно… (Исаии 54:17).

Не приключится тебе зло, и язва не приблизится к жилищу твоему (Псалом 90:10).

Ежедневное применение идентичности и власти

С раннего возраста мы учили наших детей власти и идентичности во Христе. Мы показывали им, как применять свою власть с позиции идентичности в повседневных ситуациях. Например, когда наши мальчики болели, мы говорили им, что они имеют власть лично от Иисуса исцелять болезни во имя Его. Мы поощряли их молиться за себя и других об исцелении. Если в их жизнь проникал злой дух, мы рассказывали им, что они наделены властью лично от Иисуса прогнать демона. Если они снова чувствовали осуждение за исповеданные грехи, мы напоминали им, что их грех прощен благодаря Иисусу (см.: Марка 16). Это давало им силу пребывать в свободе и исцеляло их.

Мы также учили наших мальчиков беречь себя на физическом уровне, полагаясь в защите на Святого Духа. Мы объясняли им, что Он предупредит нас об опасности, только важно быть внимательными. Дух Господень может подсказать нам покинуть какое-либо место, перейти на другую сторону улицы или избежать определенной ситуации. Мы делились собственным опытом применения данного подхода. Например, когда Эстер была студенткой и возвращалась домой на велосипеде поздно вечером, у нее возникло внезапное желание выехать на середину дороги, что она незамедлительно сделала. Посмотрев налево, Эстер увидела мужчину в том месте, где бы оказалась, если бы продолжала ехать прямо. Она знала, что Святой Дух предупредил ее, и поблагодарила Бога за защиту.

Продолжать принимать от Бога

Когда ребенок принимает Иисуса, он принимает в свою жизнь Божий Дух и рождается свыше. В Ефесянам 5:18 христианам сказано: «…*исполняйтесь Духом*». Греческие слова, которые используются в данном контексте, подразумевают непрерывный процесс.

Подобно тому, как ребенок регулярно прижимается к родителям, чтобы ощутить любовь, комфорт, тепло, послушать историю, поговорить о чем-то или просто потому, что ему нравится быть с ними, так и мы можем приходить к нашему Небесному Отцу и получать от Него снова и снова. Это ключ не только к обретению более глубокого исцеления и освобождения, но и к тому, чтобы оставаться исцеленными и свободными и двигаться вперед с Иисусом.

Вы можете поощрять своего ребенка продолжать исполняться Святым Духом, просто произнеся: *«Дорогой Бог, пожалуйста, наполни меня заново Твоим Святым Духом. Спасибо, что дал мне его!»*

Ежедневная молитва, чтобы оставаться ближе к Богу

Господь Иисус Христос, благодарю Тебя за то, что любишь меня. Мне хочется сегодня быть рядом с Тобой! Будь Господом (Боссом) каждой сферы моей жизни — того, что я думаю и что чувствую. Я хочу делать то, что угодно Тебе. Приглашаю Тебя стать Господом (Боссом) моих вещей, моих дружеских отношений, моей школьной жизни, моего будущего и моего прошлого. Я хочу следовать за Тобой и повиноваться Тебе всем своим естеством. Пожалуйста, помоги мне сегодня быть близко к Тебе. Аминь.

ory/
БИБЛИОГРАФИЯ/
РЕКОМЕНДОВАННАЯ ЛИТЕРАТУРА

Anderson, Neil T. and Pete and Sue Vander Hook *Spiritual Protection for Your Children: Helping Your Children and Family Find Their Identity, Freedom and Security in Christ*, Gospel Light, 1997.

Banks, Bill *Deliverance for children and teens*, Impact Christian Books, Kirkwood, 1989.

Gibson, Noel and Phyl *Deliver our Children from the Evil One* Sovereign World Tonbridge, 1992.

Hammond, Frank and Ida Mae *A manual for children's deliverance* Impact Christian Books, Kirkwood, 1996.

MacNutt, Francis and Judith *Praying for your unborn child*, Cox and Wyman, Reading UK, 1988.

Neufeld, Gordon and Gabor Maté *Hold on to your kids* Ballantine Books, New York, 2006.

Prince, Derek *Instruction for Deliverance for children and their parents*, Derek Prince Ministries, see derekprince.org.

Taylor, Albert and Elisabeth and David M. Taylor, *Ministering Below the Surface: Step-by-Step guides to effective inner healing and deliverance ministry*, second edition, Feb. 2019. Для получения дополнительной информации и издания на другом языке перейдите на сайт freeandhealed.com

ОБ АВТОРАХ

Дэниел получил степень магистра богословия в Теологическом университете Базеля, а затем продолжил обучение в аспирантуре Тринити-колледжа (в Бристоле), включая консультирование по вопросам брака. Он родился в Цюрихе в 1966 году. В восемь лет Дэниел пригласил Иисуса войти в свою жизнь, и его сердце наполнилось неописуемой радостью. С тех пор он никогда не оглядывался назад.

Эстер родилась в Кении в 1973 году и переехала в Англию, когда ей было семь лет. Она изучала программу африканских и латиноамериканских исследований в Университете Бирмингема. Эстер отдала свою жизнь Христу еще в детстве, однако в восемнадцать лет пережила видение Иисуса, Который умер за нее на кресте, после чего ее жизнь кардинально изменилась.

Дэниел и Эстер поженились в 1995 году, зная друг друга большую часть своей жизни благодаря давней дружбе их матерей.

С 1998 по 2008 год Дэниел и Эстер работали в качестве партнеров миссии в Северной Аргентине. За это время они приобрели ценный опыт и понимание того, как эффективно служить в исцелении и освобождении детям и подросткам. Супруги инициировали серию встреч-исцелений для детей и увидели глубокие перемены в тех, кто их посещал.

Трое их сыновей родились в Сальте, Аргентина. В 2008 году семья переехала в Швейцарию, чтобы дать детям возможность пустить корни в родной стране и культуре, а также продолжить образование.

Дэниел и Эстер основали служение *Bethesda Heilungsdienst* в 2013 году с целью помочь людям стать эмоционально, духовно и физически целостными во Христе. После более чем двадцати лет молитв об исцелении и освобождении в различных ситуациях, с людьми любых возрастов по всему миру они больше, чем когда-либо, убеждены в том, что дети нуждаются в молитвах об исцелении и освобождении.

ДУХОВНЫЕ ИНСТРУМЕНТЫ ДЛЯ ДЕТЕЙ И ПОДРОСТКОВ

МОЛИТВЫ ОБ ИЗБАВЛЕНИИ ОТ БОЛИ/ОБИДЫ

1. Расскажи Иисусу, что тебя ранит или почему ты грустишь.
2. Попроси Иисуса исцелить твою боль и облегчить твое состояние (во время молитвы положи руку на сердце).
3. Прости человека, ранившего тебя. (Сожми кулак. Затем разожми и скажи: «Я прощаю тебя».)

Ты можешь сказать...

1. «**Понимаешь, Иисус,** мне больно, потому что...»
2. «**Господь Иисус, пожалуйста,** исцели мое сердце!»
3. «**Я прощаю...** за то, что они сделали/сказали мне».

«Иисус, спасибо, что исцеляешь мою боль!»

МОЛИТВЫ О РЕАКЦИИ

1. Расскажи Иисусу о своих чувствах из-за случившегося. Поделись с Ним, если ты сделал или сказал что-то неправильное из-за причиненной тебе боли.
2. Попроси у Христа прощения за то, что держался за эти чувства. Извинись за то, что сказал или сделал что-то неправильное.
3. Попроси Иисуса забрать негативные эмоции, связанные с болью или обидой.

Ты можешь сказать...

1. «**Иисус, я чувствую...** внутри, потому что я сделал/сказал... из-за причиненной мне боли».
2. «**Пожалуйста, прости меня,** Иисус, за то, что держался за эти чувства и за то, что делал или говорил неправильные вещи».
3. «**Прошу Тебя,** забери это чувство...»

«Спасибо Тебе, Иисус, за то, что простил меня и забрал это чувство!»

МОЛИТВЫ О ВОСПОМИНАНИЯХ

1. Попроси Иисуса забрать твои болезненные воспоминания. Подожди и посмотри, что Он напомнит тебе. Позволь проявиться чувствам, которые ты когда-либо испытывал.

2. Пригласи Христа в твои воспоминания. Посмотри, что Он сделает или скажет. Как ты себя чувствуешь при этом?

3. Прости людей, ранивших тебя. Попроси прощения за свою реакцию на боль/обиду. Подумай о случившемся еще раз. Как ты сейчас себя чувствуешь?

Ты можешь сказать…

1. **«Иисус, пожалуйста,** верни меня назад в… Прошу Тебя, исцели мои воспоминания».

2. **«Иисус, пожалуйста,** войди в это воспоминание…»

3. **«Я прощаю…** Прости меня за…»

«Иисус, спасибо Тебе за исцеление этого воспоминания!

МОЛИТВЫ О ПРОЩЕНИИ

1. Скажи Иисусу, что сожалеешь о своем поступке, словах или чувствах.

2. Попроси Иисуса простить тебя.

3. При необходимости наладь отношения с другими.

Ты можешь сказать…

1. **«Иисус,** я сожалею о том, что…»

2. **«Пожалуйста,** прости меня за…»

3. **«Помоги** мне наладить отношения с помощью…»

«Спасибо Тебе, Иисус, за то, что простил меня!»

МОЛИТВЫ ОБ ОСВОБОЖДЕНИИ

1. Скажи Господу Иисусу, от чего ты хочешь освободиться.

2. Если это пришло в твою жизнь через поступок другого человека, прости его. Если в происходящем есть твоя вина, попроси Иисуса простить тебя за то, что допустил это в своей жизни.

3. Прикажи этому уйти во имя Господа Иисуса.

Ты можешь сказать...

1. «**Иисус,** я хочу освободиться от...»

2. «**Пожалуйста,** прости меня за...»

3. «**Я приказываю...** уйти во имя Иисуса Христа!»

«Иисус, спасибо за то, что освободил меня!»

ИНФОРМАЦИЯ В ИНТЕРНЕТЕ И ПОДРОБНОСТИ О СЛУЖЕНИИ

- Актуальная контактная информация для партнеров.
- Заказать дополнительные экземпляры данной книги или найти дистрибьютора в вашем регионе.
- Информация о семинарах и мастер-классах.
- Поддержка служения пожертвованиями.

www.bethesda-heilungsdienst.ch